Liebe Dana,
Lieber Henning !

Viel Spass beim Erkunden
von Sprache und Umgebung
wünschen

Maija, Uli & Lena

Günter Strempel
Oliver Wilking

HAMBURG
Der Stadtführer für Kinder

Verlag Günter Strempel

Der Autor
Günter Strempel, Jahrgang 1953, hat zwei Kinder und mittlerweile auch zwei Enkel. Seine Frau ist Hamburgerin, vielleicht fühlt er daher eine große Nähe zur Hansestadt. Als Autor von Stadtführern für Kinder ist er davon überzeugt, dass Kinder „anders hingucken". Deshalb übt auch er immer wieder den anderen Blick auf die Stadt.

Der Grafiker
Oliver Wilking, geboren 1966, studierte an der HdK in Berlin Visuelle Kommunikation. Inzwischen lebt und arbeitet er als freiberuflicher Illustrator und Grafiker in Bremen. Nach den Büchern „Berlin entdecken – Der Stadtführer für Kinder", „Flensburg, Förde und viel Meer – Der Erlebnisführer für Kinder" und „Das Förde-Malbuch" ist dies sein viertes Projekt zusammen mit Günter Strempel. www.oliver-wilking.de

Bildnachweis
Altonaer Museum: S. 55 o.; Archäologisches Museum Hamburg: S. 59; Archäologisches Museum Hamburg, A. Gruß: S. 59 u.; J. Assi, Kl!CK Kindermuseum: S. 54; Bäderland Hamburg GmbH: S. 47; C.U.Bellin, bildarchiv-hamburg: S. 25; M. Dewanger: S. 29, 38, 39, 48, 50, 52, 53, 58; dpa picture-alliance: S. 20; Germin, Museum der Arbeit Hamburg: S. 35; T. Grimm, Planetarium Hamburg, S. 59 o.; Hagenbeck: S. 49; www.hamburg-web.de: S. 39; Kinderbuchhaus Hamburg: S. 55 u.; W. Klimenzky: S. 64; F. Scymanska: S. 19; G. Strempel: S. 14, 22, 36, 38 o., 58 o.; Wildpark Schwarze Berge: S. 51

Bibliografische Information der Deutschen Nationalbibliothek
Die Deutsche Nationalbibliothek verzeichnet diese Publikation in der Deutschen Nationalbibliografie; detaillierte bibliografische Daten sind im Internet über http://dnb.d-nb.de abrufbar.

© 2012 Verlag Günter Strempel, Flensburg
Alle Rechte vorbehalten

Illustration, Umschlag und Layout: Oliver Wilking, Bremen
Fotos: Marcus Dewanger
Lektorat: Eva-Maria Kulka
Druck und Bindung: CPI books GmbH, Leck

Printed in Germany
ISBN 978-3-9810409-3-7

info@guenter-strempel.de
http://verlag.guenter-strempel.de

Inhalt

Hamburg erleben
Tipps für Stadtentdecker

Da liegt die große Stadt ...

... und es sieht aus, als warte sie auf dich. Nimm also Kurs auf Hamburg und entdecke diese ganz besondere Stadt an der Elbe!

Doch bevor du dich auf den Weg machst, schau in dieses Buch. Hamburg begegnet dir darin auf jeder Seite, aber auf ganz verschiedene Weise. Du findest Bilder und Texte, löst Rätsel, malst oder bastelst dir deinen eigenen Hafenschlepper.

Bald wirst du wissen, welche Orte in der Stadt dich besonders interessieren. Auf großen Ausflügen werden Erwachsene dich begleiten. Busse, Bahnen und Fähren stehen bereit. Mit einem Tagesticket des HVV (= Hamburger Verkehrsverbund) könnt ihr sie ausgiebig benutzen und kommt gut überall hin.

Adressen, Öffnungszeiten und Preise von Bädern, Museen, usw. stehen auf den Seiten 72-75. Aktuelle Hinweise auf Veranstaltungen findest du im Internet.

Im Buch triffst du gelegentlich auf dieses Zeichen: 📖.
Es verweist dich auf eine andere Seite. Hier rechts siehst
du zum Beispiel das Hamburger Wappen. 📖 S. 56 bedeutet, dass es sich lohnt, auf Seite 56 zu gucken. Dort
erfährst du, was der Beiname „Hansestadt" bedeutet.

*Das Wappen der Freien
und Hansestadt Hamburg*

In einer großen Hafenstadt wie Hamburg siehst und
hörst du vieles, was mit der Seefahrt zu tun hat.
Wörter aus der Seefahrersprache sind im Text <mark>gelb</mark>
markiert und werden im Kapitel „Hafen-ABC" erklärt.

Nimm dein Buch mit auf jeden Ausflug. Es gibt dir Tipps, was du unterwegs tun
kannst und worauf zu achten sich besonders lohnt.

Nun aber los! Hamburg wartet – und es gibt viel zu entdecken ...

„Hamburger Spitzen"
– Welcher Turm ist das?

Hamburg ist eine Stadt der Türme. Wer Hamburg aus der Ferne sieht, erkennt zuerst mehrere Turmspitzen; sie bestimmen das Bild der Stadt. Auch wenn du im Zentrum unterwegs bist, fallen sie dir ins Auge: Kaum biegst du um eine Straßenecke und schaust dich um, schon schiebt sich wieder einer der mächtigen Türme ins Bild. Ist das nun der Rathausturm, der Michel, Sankt Petri oder eine der anderen Kirchen? – Hier lernst du, sie zu unterscheiden.

Der Rathausturm

112 Meter

Wenn du hinaufblickst, siehst du hoch oben ein Turmhaus wie aus einem Märchenbuch.

Das Hamburger Rathaus ist groß und prunkvoll. Als es vor mehr als hundert Jahren gebaut wurde, sollte es aller Welt zeigen, wie stolz die Bürger auf ihre Stadt sind. Klar, dass so ein Bauwerk auch einen mächtigen Turm braucht.

Der Turm aller Türme

In Hamburg darf er diesen Titel tragen. Die Kirche, zu der er gehört, heißt Sankt Michaelis, aber den Turm nennt man kurz und knapp den „Michel".
Er ist das berühmteste Wahrzeichen der Stadt. Wie ein Leuchtturm steht er über dem Hafen. Wenn Seeleute mit ihren Schiffen von großer Fahrt nach Hamburg zurückkehrten, sahen sie schon von weitem zuallererst diesen mächtigen Turm. Und dann wussten sie: Da ist Hamburg!

Der Michel

132 Meter ——

Achte auf die kleine Kuppel mit der Spitze!

Die größte Turmuhr
Deutschlands!
Wie riesig sie ist, kannst du dir vorstellen, wenn du dich an die Stelle einer ihrer goldenen Ziffern denkst. Jede von ihnen ist 1,35 Meter groß. – Wer ist größer, sie oder du?

„Hamburger Spitzen"

St.* Katharinen
— 116,7 Meter

St. Jacobi
— 124,5 Meter

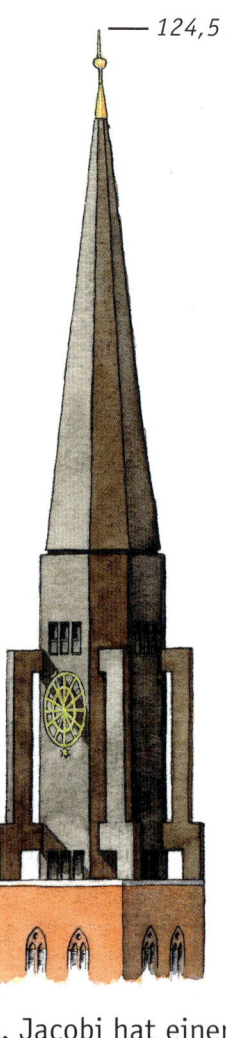

Fernsehturm
279 Meter —

Ist das der schönste Kirchturm der Stadt? Er fällt auf wegen seiner geschwungenen Formen. Und dann ist da noch das goldene Band an seiner Spitze. Der Sage nach stammt das Gold aus dem Schatz des Piraten Klaus Störtebeker.

Sehr schlank und sehr hoch! Das ist der nach einem berühmten Physiker benannte Heinrich-Hertz-Turm. Hamburger nennen ihn meistens ihren Fernsehturm oder in Anspielung auf seinen kleinen, aber viel älteren Bruder den „Tele-Michel".

St. Jacobi hat einen modernen Turm mit vier Bügeln, die aussehen, als sollten sie den Turm festhalten. Bei Sonnenschein glänzt die goldene Turmkugel.

* St. ist eine Abkürzung, die bei Kirchennamen sehr oft vorkommt; St. heißt „Sankt" und bedeutet „heilig", hier also die Kirche der Heiligen Katharina.

St. Nikolai

147,3 Meter
– der dritthöchste
Kirchturm Deutschlands

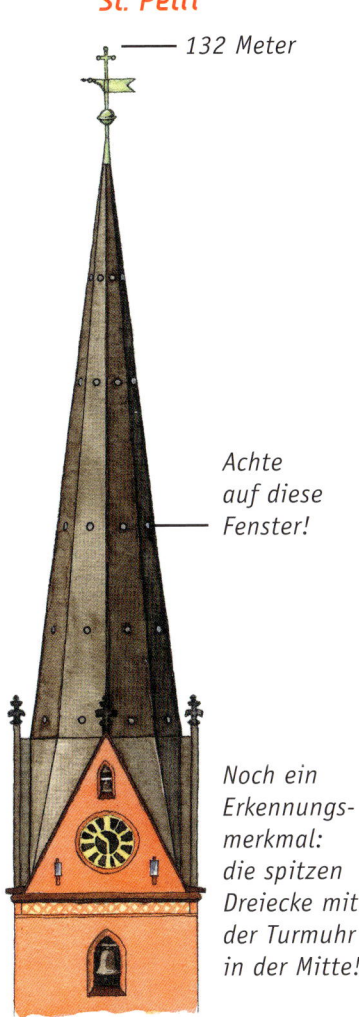

St. Petri

132 Meter

Achte
auf diese
Fenster!

Noch ein
Erkennungs-
merkmal:
die spitzen
Dreiecke mit
der Turmuhr
in der Mitte!

Ein Kirchturm ohne Kirche!
Er wirkt dunkler als alle anderen Türme. Das liegt an den
Rußspuren, die beim Brand der
Kirche entstanden. Die Nikolai-
kirche wurde im Krieg zerstört
und nicht wieder aufgebaut.
Ihr Turm ist ein Mahnmal, er
soll an die vielen Menschen
erinnern, die durch Krieg
und Gewaltherrschaft sterben
mussten.

Wenn du scharfe Augen hast,
erkennst du leicht eine Beson-
derheit dieses Turms: Es sind
die kleinen, runden Fenster im
Turmdach. – Auf der folgenden
Seite erfährst du mehr über diese
sogenannten „Bullaugen". Dort
steht auch, warum St. Petri, die
älteste Kirche Hamburgs, wohl
den spannendsten Turm hat.

Hoch, höher, am höchsten
Allerbeste Aussichten

Steigst du gerne Treppen? Hier erwarten dich 544 Stufen – und ein tolles Erlebnis, wenn du ganz oben angekommen bist!

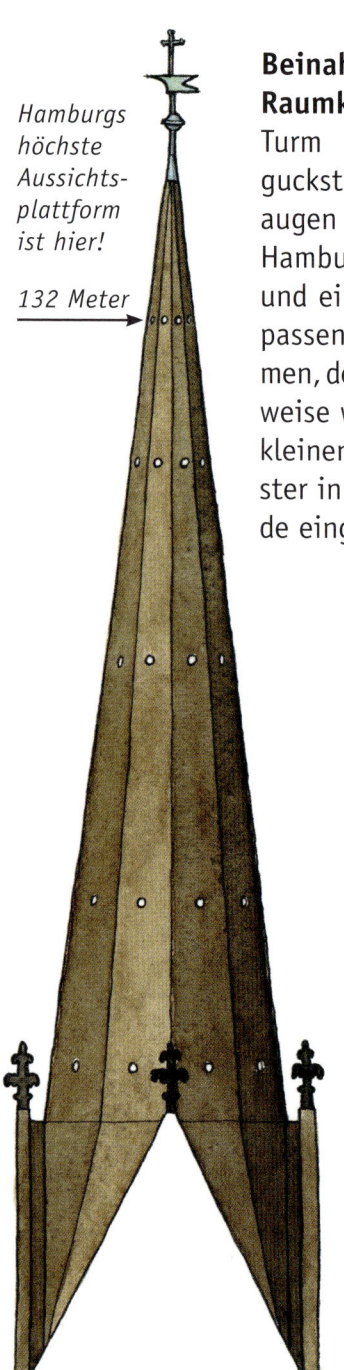

Hamburgs höchste Aussichtsplattform ist hier!

132 Meter

Beinahe wie in einer Raumkapsel: Aus dem Turm von St. Petri guckst du durch Bullaugen hinunter auf Hamburg. Bullaugen und eine Hafenstadt passen gut zusammen, denn normalerweise werden diese kleinen Rundfenster in Schiffswände eingebaut.

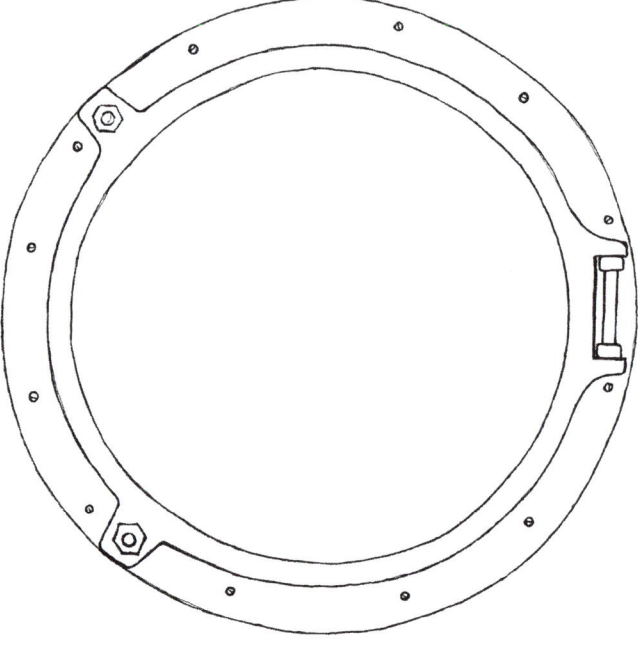

Acht Bullaugen stehen zur Auswahl. Für welche Aussicht entscheidest du dich? – Male selbst ins Fenster hinein, was du siehst.

Auf dem Michel

Ob bequem mit dem Fahrstuhl oder sportlich über die Treppe, der Weg auf den Michel lohnt sich. Von hier oben hat man den schönsten Ausblick auf die Elbe und den Hafen. Liegt gerade ein Schiff im Dock?

HighFlyer

Bei gutem Wetter und wenig Wind steigt der große Heißluftballon in die Höhe. Seile halten ihn fest. Wer mitfährt, kommt 150 Meter hoch hinauf. Der Rundblick ist toll!

Ein Kletterbaum auf dem Balkon

Hoch oben über der Elbe befindet sich ein kleiner Park, der **Altonaer Balkon**. Er heißt so, weil man auch von hier wunderbar auf den Hafen hinuntersehen kann.

Das Beste aber ist: Hinter den Bänken zum Ausruhen steht ein Kletterbaum, wie es ihn selten gibt. Probier es aus: Auf einem seiner Äste wirst du deinen ganz eigenen Ausguck finden!

Nur ein paar Häuser am Fluss

An der Alster um das Jahr 820

„Hier ist ein guter Platz!"

Kaufleute und Handwerker gehörten zu den ersten Menschen, die sich an diesem Ort niederließen. Sie hatten gute Gründe: Inmitten von sumpfigem Gelände lag eine Anhöhe, auf der man Häuser bauen konnte, die dort vor Hochwasser geschützt waren. Außerdem gab es hier einen Handelsweg, auf dem schon seit alter Zeit Waren transportiert wurden. Er führte über die Anhöhe hinweg und dann hinunter zum Fluss, zur Alster; die war an dieser Stelle flach und deshalb leicht zu überqueren. So konnte man Handelswaren auf dem Landweg oder per Schiff heranbringen, aber auch bequem von einem Transportmittel auf das andere verladen.

Auf Spurensuche

Über die Anhöhe von damals führt heute eine der bekanntesten Straßen Hamburgs: die Mönckebergstraße. Im Laufe der Zeit ist der Höhenunterschied zum umliegenden Land immer geringer geworden (er betrug einmal 14 Meter!). Heute kannst du noch etwas davon erkennen, wenn du auf der Mönckebergstraße stehst und die Bergstraße hinunterblickst.

Geheimnisvolle Hammaburg

Neben dem Handelsplatz wurde um das Jahr 817 eine Burg erbaut: die berühmte Hammaburg. Sie hat der Stadt Hamburg ihren Namen gegeben. Schon im Jahr 845 wurde sie von Wikingern so gründlich zerstört, dass nichts von ihr übrigblieb. Deshalb wissen wir nicht, wo genau sie stand und wie sie aussah. – So vielleicht?

Die Hammaburg (817 – 845)

Auf Spurensuche

Zum Glück ist nicht alles so spurlos verschwunden wie die Hammaburg. Man hat Überreste von einem anderen, fast 1000 Jahre alten Gebäude gefunden, das auch auf der Anhöhe stand. Es sind die mächtigen Steine, auf denen der **Bischofsturm** erbaut wurde. Er heißt so, weil Erzbischof Bezelin Alebrand ihn 1035 errichten ließ. Man nennt den Turm auch das „Steinerne Haus", denn damals waren aus Stein gebaute Häuser im Norden Europas noch etwas sehr Seltenes. – Von der Ecke Mönckebergstraße/Bergstraße (s. Foto auf der Seite links) sind es nur ein paar Schritte bis zum „St. Petri Hof". Dort findest du eine Bäckerei und in deren Kellergeschoss ein Café, in dem du, umgeben von Hamburgs ältesten Gebäudesteinen, Kakao trinken kannst.

Ein Fluss wird zum See

An der Alster um das Jahr 1240

Im Laufe der Zeit hat Hamburg sich
an beiden Ufern der Alster ausgedehnt. Immer
mehr Menschen wohnten hier, und sie brauchten Brot, um ihren Hunger zu stillen.
Bevor aber Brot gebacken werden konnte, musste Korn zu Mehl zermahlen werden. Die vorhandene Wassermühle war zu schwach. Deshalb baute man 1235
einen mächtigen Damm, der die Alster staute. Der große Alstersee entstand und
mit ihm ein kräftiger Wasserdruck, der dafür sorgte, dass die Mühlräder der
neuen, auf dem Damm errichteten Mühle sich schnell drehten und viel Getreide
mahlen konnten.

Für den Bau des Staudamms brauchte man
riesige Baumstämme. Eichenpfähle wurden
in den Flussboden gerammt, um dem
Mühlendamm festen Halt zu geben.
Denn Eichenholz ist sehr hart und hält
auch dem Wasser lange stand. Den Be-
weis siehst du auf der Seite gegenüber.

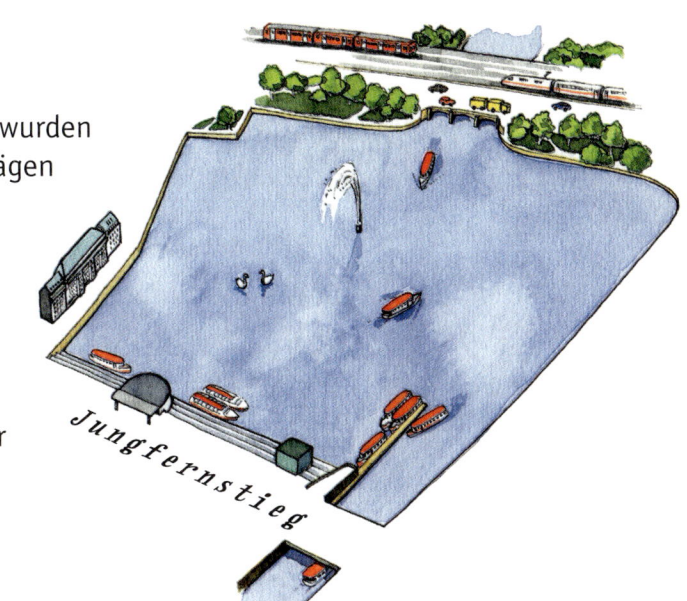

Aus dem Mühlenteich von damals wurden **Binnen- und Außenalster**; sie prägen das Aussehen der Innenstadt bis heute. So ein großes Gewässer mitten in der Stadt – das hat in Deutschland nur Hamburg. Und der Mühlendamm, der später den Namen Jungfernstieg bekam, ist für viele Menschen seit je einer der schönsten Orte der Stadt.

Alster-Rätsel

Schiffe, die auf der Alster fahren, werden heute noch so genannt (obwohl der Name nicht mehr zutrifft):   die **ALSTER** ▯▯▯▯▯▯▯
         1

Hier genießen Hamburger ihren Kaffee und Kuchen am allerliebsten.
         Im **ALSTER** ▯▯▯▯▯▯▯
       2   3

Ein schönes Haus am Ufer der Binnenalster heißt „Vier Jahreszeiten" und ist ein weltbekanntes ▯▯▯▯▯
     4

Große Wasservögel, die auf der Alster zu Hause sind: ▯▯▯▯▯▯
    5 6 7

Lösung:

Die sieben markierten Buchstaben benennen, was aus der Mitte der Binnenalster aufsteigt (falls nicht gerade Winter ist): ▯▯▯▯▯▯▯

Auf Spurensuche

Einer der uralten Eichenpfähle, die vor beinahe 800 Jahren den Mühlendamm befestigten, steht heute an einer Stelle, an der täglich tausende Menschen vorbeigehen. Es lohnt sich, ihn genauer anzusehen. Du findest ihn auf dem Bahnsteig der U1 im U-Bahnhof Jungfernstieg. Als dieser Bahnhof gebaut wurde, hat man den Pfahl aus dem Boden gezogen. Später wurde er von dem Bildhauer Richard Luksch zu einem Kunstwerk umgestaltet.

Ein Hafen auf Wanderschaft

Von der Bille an die Alster an die Elbe
Die Geschichte des Hamburger Hafens beginnt an der Bille: Der kleine Fluss zog damals direkt an der Hammaburg vorbei. Die Anlegestelle lag nicht weit entfernt von der Mündung der Bille in die Alster.

An der Bille um das Jahr 840

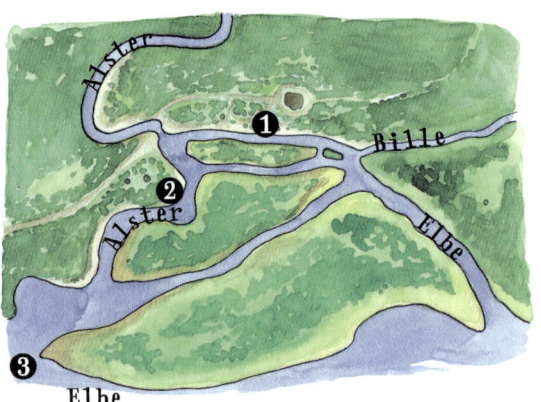

So verliefen die drei Flüsse zu der Zeit, als Hamburg entstand. Mensch und Natur haben später dafür gesorgt, dass sich die Flussläufe sehr veränderten. Versuch einmal auf einem aktuellen Stadtplan die Bille zu entdecken! – Gar nicht so einfach.

Bille, Alster und Elbe um das Jahr 840

Mehrere hundert Jahre später, 1188, zog der Hafen von der Bille (1) an die Alster. Nun befanden sich die Hafenanlagen an der so genannten Alsterschleife (2). Den großen Bogen, den der Flusslauf hier beschreibt, kannst du heute noch auf jedem Stadtplan wiedererkennen. Diese Alsterschleife nennt man das „Nikolaifleet".

Du siehst hier den Alsterhafen um das Jahr 1500; damals war Hamburg schon eine bedeutende Handelsstadt.

Auf Spurensuche

Am Nikolaifleet findest du noch Überreste vom alten Alsterhafen: In der Deichstraße führen zwei schmale Hausdurchgänge zum Fleet und direkt auf einen Ponton, eine schwimmende Plattform. Am Rand dieses Fleets stehen einige alte Speicherhäuser. Und wenn du dich genau umsiehst, wirst du auch andere Spuren des alten Hafenbetriebs entdecken.

Tipp: Besuche, wenn möglich, das Nikolaifleet zweimal, bei Hoch- und dann noch einmal bei Niedrigwasser. Du wirst staunen, wie unterschiedlich das Fleet jedes Mal aussieht.

Und noch ein Umzug

Der Wechsel von Ebbe und Flut bereitete den Kapitänen im Alsterhafen große Probleme: Bei Ebbe kam es vor, dass ihre Schiffe auf dem Trockenen saßen und bei Flut konnten sie nicht unter den Brücken durchfahren. Um das Jahr 1700 begann der Hamburger Hafen ein weiteres Mal umzuziehen, diesmal an die Elbe (3).

Der heutige Elbhafen

ist riesengroß, man kann ihn kaum überblicken (das Foto zeigt nur einen winzigen Teil). – Am oberen Bildrand erkennst du die Alster, auf der heute nur noch Ausflugsdampfer fahren.

Wer den Hamburger Hafen erleben will, beginnt am besten hier: An den Landungsbrücken ist immer etwas los! Weil ständig Schiffe an- und ablegen, ist sogar das Hafenwasser in wilder Bewegung. Die Landungsbrücken sind ein „Schiffsbahnhof". Heute siehst du vor allem Elbfähren und kleine Fahrgastschiffe, früher aber kamen und gingen hier auch große Passagierdampfer.

Landungsbrücken 1921
Gleich wird die stolze Cap Polonio *festmachen. Dampfschlepper bugsieren sie ans Ziel. Gut zu erkennen sind die Brücken, die vom Ponton zum Empfangsgebäude mit seinen beiden Kuppeln hinaufführen.*

Der **Uhrturm** an den Landungsbrücken verrät nicht nur, wie spät es ist. Die Zahlen unter der Uhr zeigen an, ob im Hafen gerade Hochwasser (Flut) oder Niedrigwasser (Ebbe) ist. – Im Moment sind es 2,10 Meter über dem mittleren Wasserstand, also Hochwasser (schwarze Zahlen = Flut, rote Zahlen = Ebbe).

Wenn du über eine der Brücken auf den Ponton hinuntergehst, wirst du kaum bemerken, dass dieser viele hundert Meter lange „Bahnsteig" auf dem Wasser schwimmt. Er hebt sich mit der Flut und senkt sich bei Ebbe.

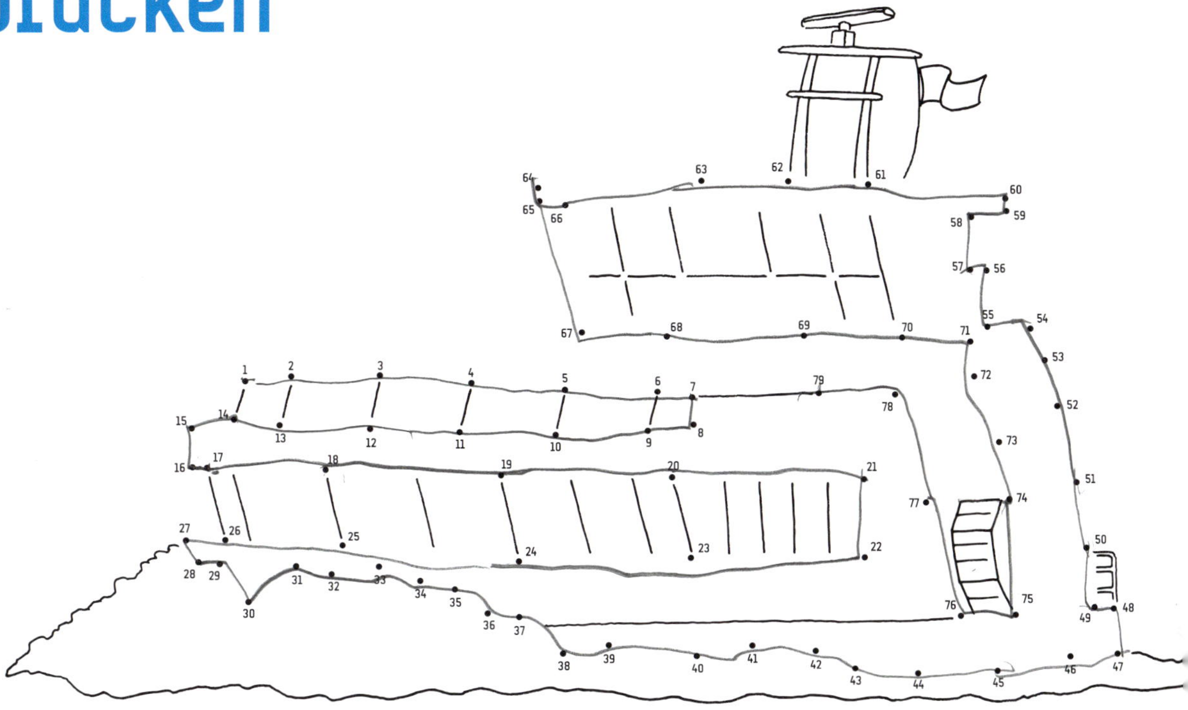

"Ankunft Landungsbrücken um 11.15 Uhr!" Aber was kommt da an? – Verbinde die Punkte 1 bis 79, dann wirst du es sehen.

Überhaupt ist es erstaunlich, wer oder was hier so alles landet. Dieses Tier hätte man auch nicht unbedingt erwartet. Sieh dich mal um! Wo sitzt er?

Mitten im Trubel ein kleiner Platz zum Ausruhen! Doch diese Metallpfähle sind gar nicht als Sitzmöbel gedacht.
– Wozu dienen sie, und welchen Namen gaben ihnen die Seeleute? (Du findest die Antwort in diesem Buch im Hafen-ABC, S. 68/69).

Im Hafen unterwegs

Vor dir liegt einer der größten Häfen der Welt! Sobald du nur ein bisschen von seiner Luft geschnuppert hast, geht es dir wohl wie den meisten Besuchern: Du willst sofort hinaus auf die Elbe und mehr von diesem Hafen sehen. Es gibt verschiedene Möglichkeiten.

Zum Beispiel eine Fahrt mit dem „Bügeleisen"

Den lustigen Spitznamen bekamen diese Elbfähren, weil ihre Bauform an das bekannte Haushaltsgerät erinnert. Sie sind immer eilig unterwegs, „bügeln" also in rasanter Fahrt übers Wasser. – Das Gute ist: Um sie zu benutzen, braucht man nur ein normales HVV-Ticket, mit einer Tageskarte in der Tasche geht man einfach an Bord.

Fähren der Linie 62 legen in kurzen Abständen von den Landungsbrücken ab und fahren elbabwärts bis nach Finkenwerder. Unterwegs kommt man an der Schlepperbrücke Neumühlen vorbei. Wie an einem Taxi-Stand warten die Hafenschlepper hier bei Tag und Nacht auf ihren nächsten Auftrag. Sobald ein großes Schiff Hilfe anfordert, legen ein oder zwei Schlepper ab und fahren los. – Versuche einmal zu zählen, wie viele Schlepper gerade Pause machen. Kannst du die Namen einzelner Schlepper erkennen? Mit ein bisschen Glück begegnet dir vielleicht auch ein Schlepper in Aktion.

„An Bord! An Bord! Hier die nächste Abfahrt!" – Hafenrundfahrten werden überall lautstark angeboten. An den Landungsbrücken stehen verschiedene Schiffe zur Auswahl. Die großen Fahrgastschiffe sind bequem, von ihrem Oberdeck hat man einen guten Überblick. Aber die Fahrt mit einer der kleinen, wendigen Barkassen bringt dich ganz nah ran ans Geschehen – und ab und zu spürst du auch schon mal die Nähe des Wassers.

Die Rundfahrt führt immer auch an einem der großen Schwimmdocks vorbei. Hier werden Schiffe repariert. Falls man nur Muschelbeläge und Algen vom Rumpf des Schiffes entfernt und dieser neu gestrichen wird, dann geht es schnell. Werftarbeiter nennen das „Einmal Haare schneiden und rasieren".

Aber wie kommt so ein großes Schiff ins Dock hinein? Wie wird es aus dem Wasser herausgehoben? Der Barkassenkapitän wird es dir erzählen. Wenn nicht, dann frag ihn! Doch Achtung – auch diese Kapitäne tragen einen Spitznamen: „He lücht" (hochdeutsch: „Er lügt") werden sie genannt. Tatsächlich geben sie viele interessante und zuverlässige Informationen, aber ein bisschen Seemannsgarn ist eben auch mit dabei ...

Auf der Spur der Riesenschiffe

CSCL JUPITER
Länge 365,5 m

Fernsehturm
Höhe 279,2 m

Winzling und Schiffsriese
Es werden immer größere Schiffe gebaut. Viele dieser Schiffsgiganten kommen regelmäßig in den Hamburger Hafen.

Ein sehr großes Schiff, das es im Hafen bereits zu sehen gab, ist die CSCL JUPITER. Sie kann über 14.000 Container aufnehmen.

Zum Vergleich stellen wir die JUPITER neben den Fernsehturm und schieben gleich noch eine Barkasse ins Bild. (Die ist aber beinahe nur mit der Lupe zu erkennen.)

Die kleine Barkasse kommt ganz nah heran.

Hafenbarkasse
Länge ca. 18 m

Der Container

Diese Stahlkiste hat für eine Revolution gesorgt! Auch das Hamburger Hafenleben wurde durch den Container von

Grund auf verändert. Was früher in Fässern, Säcken oder Kisten transportiert wurde, kommt heute überall auf der Welt nur noch hier hinein.

Hamburg hat vier große Containerterminals. Der Terminal Altenwerder ist der modernste. Wenn hier eins der großen Containerschiffe festmacht, geht alles sehr schnell und fast vollautomatisch. Ein Container nach dem anderen wird aus dem Schiff gehoben. Die Hebekräne, „Katzen" genannt, fahren an mächtigen Brücken hin und her.

Auch im Internet kommst du den Schiffsriesen auf die Spur.
Auf der Seite www.hafen-hamburg.de gibt es viele spannende Informationen über die größten Schiffe der Welt. Suche dort die neuesten Modelle in der „Schiffsdatenbank" und führe die Tabelle fort:

Schiffsname	Länge	Breite	Tiefgang	Container (TEU)
CSCL JUPITER	365,50 m	51,20 m	15,50 m	14074 TEU
CSCL STAR	366,07 m	51,20 m	15,50 m	14074 TEU
EMMA MAERSK	397,00 m	56,40 m	16,50 m	14770 TEU
…………………	………. m	…….. m	…….. m	…….. TEU
…………………	………. m	…….. m	…….. m	…….. TEU

Welche Schiffe kommen in den nächsten Stunden und Tagen in den Hamburger Hafen? Wie heißen sie? Wie groß sind sie? Antworten unter: www.hafen-hamburg.de/erwartete-schiffe

Klein und stark!
Schlepper im Hamburger Hafen

Ein voll beladenes Containerschiff kommt die Elbe herauf.
Im Hamburger Hafen soll es entladen werden.
Aber der Schiffsriese muss zuerst seinen Liegeplatz finden,
und das schafft er nicht allein. Zwei Schlepper fahren ihm
entgegen und nehmen den mächtigen „Pott" an die Leine.

Für Hafendetektive

Was ist in den drei roten Containern?
Die Buchstaben auf ihrer Außenwand sind durcheinander geraten.
Wer sie lange genug schüttelt, findet die richtige Reihenfolge und des Rätsels
Lösung. Verraten sei, dass gut schmeckt, was drin steckt!
Und: Dieses Frachtgut kommt in sehr großen Mengen in den Hamburger Hafen.

Die Ladung in den roten Containern ist

Schlepper sind unglaublich stark. Sie ziehen und schieben das Schiff so lange, bis es an der Kaimauer sicher festgemacht werden kann. Dabei ist das Containerschiff oft zehn- oder sogar fünfzehnmal so groß wie der kleine Schlepper.

Hafenleben, wie es früher war

Neben den Landungsbrücken liegt ein wunderschönes Schiff:

die **Cap San Diego**

Willkommen an Bord!

Du steigst über eine lange <mark>Gangway</mark> an Deck – und dann geht´s los! Auf diesem Schiff gibt es viel zu entdecken: vom tief unten gelegenen Maschinenraum bis hinauf zur Kommandobrücke. Die *Cap San Diego* ist ein typischer Stückgutfrachter, ein Schiff aus der Zeit, als es im Hamburger Hafen noch keine Container gab. Damals bewegte man Schiffsladungen noch ganz anders als heute, oftmals Stück für Stück, Kiste für Kiste, Sack für Sack.

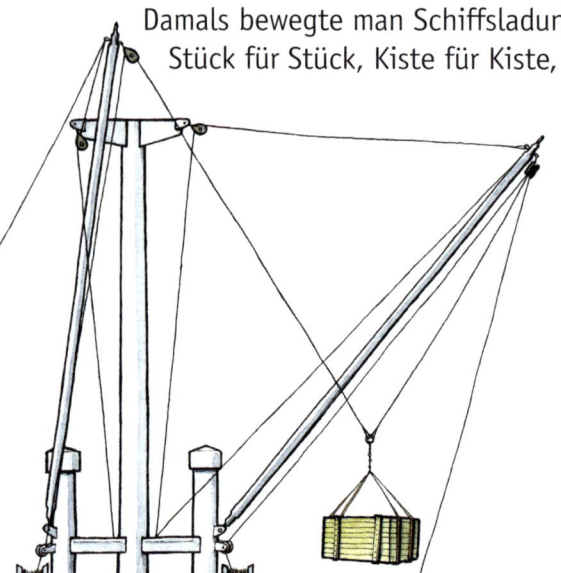

Einfach mal nachfragen ...

Auf dem Deck der *Cap San Diego* stehen 16 <mark>Ladebäume.</mark> Aber das sind natürlich keine echten Bäume! Warum heißen die so, und wozu werden sie gebraucht? – Zum Glück triffst du an Bord immer jemanden, der zur Mannschaft gehört und dir gern Auskunft gibt (Mitarbeiter tragen rote Arbeitsanzüge).

Diese Schiffsschraube hat ausgedient. Sie ruht heute auf dem <mark>Achterdeck,</mark> nachdem sie sich viele Jahre lang am <mark>Heck</mark> des Schiffes gedreht hat. – Siehst du die große Delle am rechten, oberen Schraubenblatt? Was mag da passiert sein? Die *Cap San Diego* bekam im Übrigen eine neue Schraube, die sie nun antreibt, wenn es mal wieder auf Fahrt geht.

Unter der Riesenschraube ...

„Grundkurs Hafen"

Am Kaischuppen 50A liegt das **Hafenmuseum Hamburg**. Von Mitte April bis Ende Oktober wird hier gezeigt, wie früher im Hafen gearbeitet wurde – und auch wie es heute zugeht.

Tipp: Die schönste Anfahrt zum Hafenmuseum bietet die **Maritime Circle Line:** mit der Barkasse durch den Hafen direkt zu den 50-er Schuppen. Fahrplan unter www.maritime-circle-line.de

Schiffsfracht aus aller Welt

Wo so viele Waren empfangen und verschickt werden wie im Hamburger Hafen, da brauchten die Kaufleute auch früher schon jede Menge Lagerplatz. Viele der großen Lagerhäuser, die man damals baute, sind noch erhalten. In einem der alten Speicher befindet sich heute das **Speicherstadt-Museum.** Dort erfährst du, wie einst Säcke, Kisten und Körbe vom Schiff ins Lagerhaus transportiert wurden und was dann mit dem Kaffee, Tee, Kakao und all den anderen Gütern geschah.

Diese alte Waage kann man ausprobieren.

Wozu diente dieser lange *Peekhaken*?

Und wofür brauchte man wohl den „*Grieper*" und die „*Zuckerklatsche*"?

Abenteuer Speicherstadt

Was ist das für eine eigenartige Stadt? Ihre großen, in langer Reihe stehenden Häuser wurden früher als Speicher genutzt. Hier konnte man Waren zollfrei lagern. Wer die Grenzen der alten Speicherstadt passierte, wurde streng kontrolliert. Es war verboten, Waren am Zoll vorbei nach Hamburg hinein zu schmuggeln. Neben der Kornhausbrücke, einem der früheren Grenzpunkte, ist heute das **Deutsche Zollmuseum**, in dem viele Schmugglergeschichten erzählt werden.

Auf Spurensuche
Es lohnt sich, aufmerksam an den Speichern entlangzuwandern und die vielen Brücken über die Fleete zu überqueren.

Mal geht der Blick nach **oben**: Mit Seilwinden wurden die Lasten auf den Speicherboden gehievt. Die Giebelhaube schützte die Winde vor Regen.

Und mal nach **unten**: Bei Ebbe werden die Eichenpfähle sichtbar, auf denen die Speicherstadt erbaut wurde. Millionen solcher Pfähle wurden in den Boden gerammt.

Heute hat die Speicherstadt ihre Bedeutung als Lagerplatz zum großen Teil verloren. Doch auf manchem Speicherboden sind neue Mieter eingezogen und einige bieten spannende Erlebnisse!

Hier zum Beispiel gibt es unendlich viel zu sehen ...

Im **Miniatur Wunderland** fahren so viele Eisenbahnzüge, dass du Mühe haben wirst, jeden zu entdecken. Bei Tag und Nacht ist alles in Bewegung: Bahnen, Busse, Autos und Flugzeuge. Allerdings: Tage und Nächte dauern hier nur 15 Minuten. Besucher erleben die größte Modelleisenbahnanlage der Welt!

... und hier siehst du gar nichts!

Dafür wirst du umso mehr hören und tasten und auch deine übrigen Sinne werden wach. Im **Dialog im Dunkeln** bewegst du dich durch eine vollkommen dunkle Welt. Wie fühlt es sich an, eine belebte Straße zu überqueren oder eine Hafenrundfahrt zu machen, wenn man gar nichts sehen kann? – Ein blinder Mensch begleitet und unterstützt euch bei diesem echten (!) Abenteuer. Es sind kleine Gruppen, die durch die Ausstellung geführt werden; deshalb muss man sich vorher anmelden.

Riechst du was?

Spicy's heißt das Gewürzmuseum. Estragon, Koriander, Muskatblüte und viele andere Gewürze mit klangvollen Namen kannst du in die Hand nehmen und zwischen den Fingerspitzen zerreiben. Von den Wohlgerüchen verführt wird deine Nase neugierig, will immer mehr erschnuppern.

Tipp: Willst du mehr über die spannende Geschichte der Speicherstadt erfahren, dann besuche das **Speicherstadtmuseum**!

Die neue HafenCity

Wo einmal Hafen war, wächst heute ein neuer Stadtteil.

Der Sandtorhafen im Jahr 1930 ...

Hier wurden Schiffsladungen gelöscht, und neben einer langen Reihe von Hafen-
schuppen drehten sich Kräne, die schwere Lasten vom Schiff hoben und auf dem
Kai abluden. – Mit dem Sandtorhafen, der 1866 eröffnet wurde, begann die Ent-
wicklung des modernen Hamburger Hafens; er war das erste von Menschenhand
angelegte Hafenbecken.

Ponton-Musik
Zwischen den neuen Häusern liegen alte Schiffe.
Sie haben an einem Ponton festgemacht, auf dem
man prima herumlaufen kann. Doch bleib auch
mal stehen und hör genau hin! Schöne Töne
darfst du nicht erwarten, und doch ist es
ein tolles Konzert, das durch die Wasser-
bewegungen entsteht: Taue knarren,
Metallverbindungen quietschen, und es
gibt noch viele andere Töne. – Lassen
sie sich in Buchstaben nachahmen?
Ungefähr so: „Krurr-Piänng" oder wie?
Schreib auf, was du hörst!

... und heute in der HafenCity

Drei alte Hafenkräne sind noch da, doch leider sind sie nun im Ruhestand. – Rund um den Sandtorhafen liegt nur ein kleiner Teil der HafenCity. Wie groß sie einmal werden soll, zeigt dir ein Modell im **HafenCity InfoCenter im Kesselhaus**. Es ist aber auch spannend, den aktuellen Stand der Dinge zu erkunden. Welche Häuser entstehen gerade oder sind schon fertig? Also: Entdeckerschuhe anziehen und loslaufen!

Am Eingang zur HafenCity steht ein Gebäude, das alle Blicke auf sich zieht. Auf seinem Dach scheinen Wellen zu tanzen. Es ist die **Elbphilharmonie**, das neue Hamburger Konzerthaus. Bald gibt es hier auch Musik für Kinder!

Tief unter dem Fluss
Zu Fuß durch den Alten Elbtunnel

Dieser Tunnel ist ein ganz besonderer. Das zeigt sich schon am Eingang. Eine Treppe führt tief hinunter in die Unterwelt. Während du hinabsteigst, siehst du, wie in der großen Einfahrthalle die Fahrstühle für Autos und Fußgänger hoch- und runterfahren. Unten angekommen blickst du in die Röhre und hast nun 427 Meter Elbtunnel vor dir.

Da unten bin ich entlang spaziert ...
Hast du den Tunnel durchquert, dann trittst du auf der gegenüberliegenden Elbseite wieder ans Tageslicht. Dort, auf der Insel Steinwerder, ist eine Aussichtsterrasse, die einen tollen Blick bietet: auf den Fluss, die Schiffe, die Türme, die Stadt. Und tief unten liegt – sichtbar nur hier auf dem Bild – der Tunnel!

Gedrängel im Tunnel

Als der Elbtunnel im Jahr 1911 eröffnet wurde, galt er als technisches Meisterwerk und war eine Sensation. Außerdem wurde er dringend gebraucht, denn viele Arbeiter, die auf der St. Pauli-Seite wohnten, konnten nun den Tunnel benutzen, um ihre Arbeitsplätze auf Steinwerder zu erreichen.

Hunderttausende Fliesen bedecken die Tunnelwände, aber es gibt auch einzelne Schmuckkacheln, die verschiedene Fluss- und Meerestiere zeigen. Nur in einem Fall ist ein Gegenstand abgebildet. Welcher?

Am Elbstrand

Mitten in der Stadt ein kilometerlanger Strand – unglaublich! Und für jeden Stadtentdecker ein klarer Fall: Da muss ich hin!

Also auf nach **Övelgönne** (am besten mit der Elbfähre). Die Strandwanderung von dort nach **Teufelsbrück** ist bei jedem Wetter und zu jeder Jahreszeit ein spannendes Erlebnis. Im Sommer kann es richtig voll sein, da wird gebuddelt, gespielt und gefaulenzt. An kühlen Tagen trifft man weniger Menschen, und es ist anders schön.

Zuerst kommt ihr an der **Strandperle** vorbei, Hamburgs bekanntestem Strandlokal. Genau hier führt die **Himmelsleiter** – zwar nicht direkt in den Himmel, aber doch den Elbhang hinauf. Steig doch einmal ganz nach oben!

Hamburgs ältester Zuwanderer

Ein Stück weiter am Ufer entlang und schon liegt er vor dir: der größte und schwerste Stein, der je in Hamburg gefunden wurde. Er ist viereinhalb Meter hoch und wiegt 217 Tonnen (= 44 Elefanten). Wie schwierig es war, ihn vom Grund der Elbe heraufzuholen, und warum er der **Alte Schwede** heißt – all das liest du auf Schautafeln neben dem Stein.

Streich mal mit deiner Hand über den Findling. Wie fühlt sich das an? Neben den Spuren, die auf seiner langen Reise hierher entstanden sind, gibt es an der Oberfläche auch ein paar dunkle Einsprengsel. Dieses sieht aus wie ein kleiner Vogel. Findest du ihn?

Der Weg hält noch manche Über-
raschung bereit: zum Beispiel
Einladungen zum Klettern und
Ballancieren!

Wer hier am Strand ist, blickt immer wieder auf den breiten Strom. Die Elbe zählt zu den längsten Flüssen in Europa. Flussaufwärts sind es über 1000 Kilometer bis zu ihrer Quelle im Riesengebirge, flussabwärts noch etwa 100 Kilometer bis zur Mündung in die Nordsee. Von dort kommen die großen Schiffe auf ihrer Fahrt in den Hamburger Hafen, andere sind in der Gegenrichtung unterwegs in ferne Länder.

Hast du Glück? Zieht ein Containerriese oder ein anderes großes Schiff an dir vorbei? Wenn nicht, kleinere Schiffe sind immer zu sehen, und auch die haben Aufmerksamkeit verdient.

Male hier ein Bild von einem der vorbeifahrenden Schiffe oder klebe ein Foto ein:

Die .... am _ _. _ _. 20_ _ auf der Elbe

Tipp: Von Teufelsbrück kommt ihr mit der Fähre über Finkenwerder (dort umsteigen!) zurück zu den Landungsbrücken. Auch die Buslinie 36 fährt in Richtung Innenstadt.

Wer im Hafen so viele Schiffe gesehen und bestaunt hat, will auch selbst mal Kapitän sein. Für die eigene Seefahrt gibt es in Hamburg ein Gewässer, das allerbeste Möglichkeiten bietet: die Alster.

Verglichen mit der Elbe ist die Alster nur ein Flüsschen. Doch auch sie prägt das Bild Hamburgs. Das liegt daran, dass die Alster kurz bevor sie in die Elbe mündet, zu einem großen See aufgestaut wurde (📖 S. 16/17). Besonders auf der Außenalster habt ihr deshalb richtig viel Platz zum Bootfahren.

Eine ganz andere Wasserwelt tut sich vor dir auf, sobald du die Alster selbst oder einen der vielen schmalen Alsterkanäle befährst.

Tipp: Am Isebekkanal kann man Kanus mieten und über den Rondeelteich und Goldbekkanal zum Stadtparksee fahren. Wer eine Abkühlung braucht, holt sie sich dort im Freibad.

Alster!

Eine Möglichkeit, Bootsvermietungen an der Außenalster zu erreichen, ist die **Alsterkreuzfahrt**. Vom Jungfernstieg fahren die rotweißen Alsterdampfer kreuz und quer über den See. In der Nähe der meisten Anlegestellen findet sich auch ein Bootsverleih.

Warum passt dieses Tretboot besonders gut zur Alster? – Die Alsterschwäne stehen in Hamburg seit vielen hundert Jahren unter besonderem Schutz. Ein Angestellter der Stadt, der Schwanenvater, fängt sie im November ein.

Dann ziehen alle miteinander ins sichere Winterquartier.

Und noch etwas Besonderes! Eine Alster-Rundfahrt mit dieser alten Dame. Die **St. Georg** ist Deutschlands ältestes Dampfschiff. Während der Fahrt, die 45 Minuten dauert, kannst du dem Kapitän beim Steuern zusehen, und du darfst sogar hinunter in den Maschinenraum steigen.

Durch die Stadt und auf der

Dieser Ausflug führt dich an spannende Orte. Und für neugierige Stadtentdecker haben wir Such- und Rätselspiele auf dem Weg verstreut. Einiges bekommst du heraus, indem du genau hinsiehst, bei anderen Aufgaben hilft es nachzufragen. Geschwindigkeit spielt keine Rolle. Es macht Spaß, sich Zeit zu lassen und hier und da eine Pause einzulegen. Ihr werdet drei bis vier Stunden unterwegs sein. – Zur Ausrüstung sollte mindestens ein Erwachsener, genügend Proviant und ein Fernglas gehören. Auch eine Tageskarte des HVV ist zu empfehlen.

Los geht es auf dem Domplatz. Sein Erkennungszeichen sind die weißen Quadrate. Geh einmal an die Stelle, die auf der Karte durch den Pfeil markiert ist! Merkwürdig: Vor dir liegt der Platz – aber wo ist der Dom? Offenbar spurlos verschwunden! Tatsächlich wurde er vor mehr als 200 Jahren abgerissen.

So sah der Mariendom aus. Im Hintergrund sieht man den Turm der Petri-Kirche. Und ganz rechts? *Tipp:* Kirchen bekommen manchmal neue Türme.

Der Domplatz ist ein Ort für Menschen mit Phantasie! Die weißen „Sitzkissen" liegen dort auf dem Boden, wo einst die Pfeiler standen, die das Kirchendach trugen.

Außerdem siehst du Metallwände, die den Platz auf mehreren Seiten umgeben. Sie zeigen an, wo sich in Hamburgs frühester Zeit die Domburg befand. Das war ein Befestigungswall, der den Dom schützen sollte. Hier ganz in der Nähe – man weiß nur nicht genau wo – stand auch die berühmte Burg, die Hamburg ihren Namen gab. Wie heißt dieses rätselhafte Bauwerk?

3

Elbe

Tipp: Ein kleiner Abstecher führt euch zu den ältesten Bausteinen der Stadt. Das mächtige Fundament des Bischofsturms (S. 15) liegt im Keller einer nahegelegenen Bäckerei.

Der Löwenkopf von 1342

Die nächste Station ist die **St. Petri-Kirche**. An ihrer Eingangstür stehst du plötzlich zwischen zwei Löwen. Kaum zu glauben, aber wahr: Einer dieser beiden Türklopfer ist das älteste Kunstwerk Hamburgs! Du kannst dem Löwen ganz gefahrlos deine Finger zwischen die Zähne legen. Und gleich mal nachzählen: Wie viele Fangzähne (= Eckzähne) hat er eigentlich?

☐ ☐ **7** ☐

Besuche unbedingt auch den Innenraum von St. Petri! Was für ein Unterschied: Draußen die Hektik und der Lärm des Stadtzentrums und drinnen ganz viel Ruhe. Menschen kommen jeden Tag hierher, weil sie diese Stille suchen.
Tipp: Den Kirchturm (S. 12) besser bei nächster Gelegenheit besteigen (544 Stufen machen müde Beine ...). Auf unserem Programm steht ein anderer Aussichtsturm (mit Fahrstuhl).

Es geht weiter zum **Rathausplatz**. Das **Hamburger Rathaus** ist prächtig geschmückt wie ein Palast. Unter den vielen Figuren an seiner Fassade haben die zwei auf den Außengiebeln eine besondere Stellung: Rechts hält der Erzengel Michael ein Schwert in die Höhe, und auf dem linken Giebel steht die Heilige Katharina. Was hält sie in der Hand?

☐ **4** ☐ ☐ ☐ ☐ **13** ☐ ☐

Spielend unterwegs

So sieht eines der beiden Tiere aus, wenn man es von hinten betrachtet.

Durch das Hauptportal kommt ihr in die **Rathausdiele**. In dieser großen Halle begegnen dir zwei Tiere, die etwas vor ihrem Bauch halten.

Es ist das

☐ ☐ ☐ ☐ ☐ ☐ ☐ ☐ **12** ☐ **11** ☐ ☐ ☐ ☐ ☐ ☐

Hamburgs Rathaus hat sagenhafte 647 Räume. Wenn du in jeden nur eine Minute lang hineinsehen würdest, hättest du von morgens früh um sechs bis zum späten Nachmittag zu tun. Eine Führung durchs Rathaus mitzumachen lohnt sich. Da man zum Glück nicht jeden Raum besucht, dauert sie nur 45 Minuten. Falls also gerade eine angeboten wird ...

Durch eine Tür gegenüber dem Haupteingang verlasst ihr das Rathaus und tretet in den Innenhof. Vor dir siehst du einen mächtigen **Brunnen**. An seiner Spitze steht **Hygieia**, die griechische Göttin der Gesundheit.
Der Brunnen zeigt, welche Bedeutung das Wasser für unser Leben hat. Am Brunnenrand sitzen sechs Figuren, eine von ihnen hält etwas auf dem Knie.

Es ist ein ☐ ☐ **9** ☐ ☐ ☐ ☐

Aus dem Innenhof heraus führt der Weg zur **Trostbrücke**. Genau hier lag der mittelalterliche Alsterhafen (📖 S. 18). Du siehst auf der Brücke die Figuren von zwei Männern, die in Hamburgs Geschichte eine große Rolle gespielt haben. Einer der beiden trägt eine Kirche in der Hand. Wie heißt er?

☐ ☐ ☐ ☐ **8** ☐

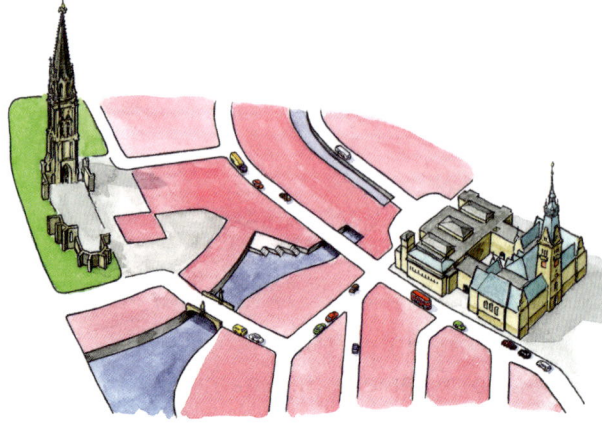

Die Trostbrücke spannt sich über das **Nikolaifleet**. Auf der linken Seite siehst du eine große Wasserfläche. Im Mittelalter lag hier der **Alsterhafen** (S. 18).

Von der Brücke sind es ein paar Schritte bis zur **St. Nikolai-Kirche**. Nur ihr Turm ragt noch in den Himmel; Überreste des Kirchenschiffs und mehrere Kunstwerke erinnern an die Folgen des Krieges. In den Kellerräumen der Kirche zeigt eine Ausstellung, was im Kriegsjahr 1943 hier geschah.
Der Turm hat es in sich: Ein gläserner Fahrstuhl flitzt hinauf zu einer Aussichtsplattform. Von dort habt ihr einen großartigen Ausblick über die Stadt. Sieh einmal dorthin, wo du eben hergekommen bist. Was liegt, hoffentlich in der Sonne glitzernd, hinter dem Rathaus?

Die ⬜⬜⬜⬜⬜⬜
        6

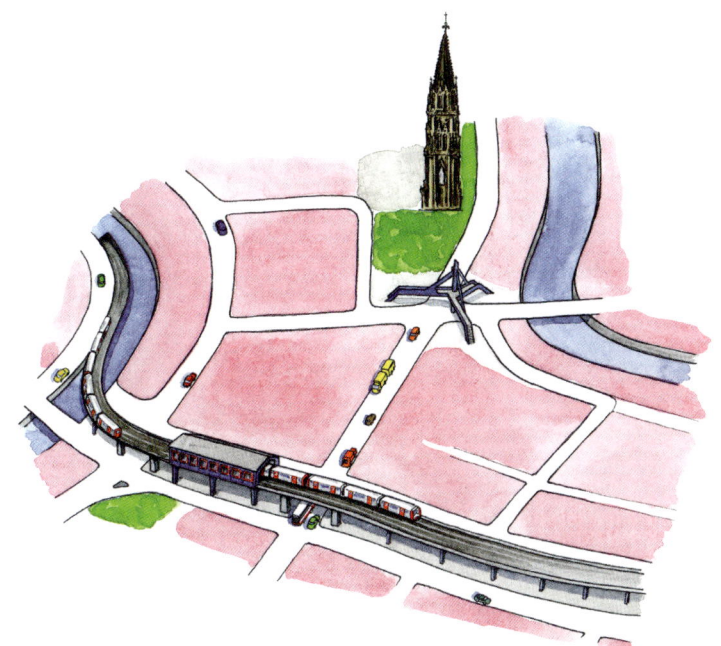

Nun zur Cremonbrücke, die euch über eine mehrspurige Fahrbahn in die **Deichstraße** führt. Hier kannst du noch einmal einen Blick auf das **Nikolaifleet** werfen. Durch den Fleetgang zwischen den Häusern 21-23 geht es hinunter auf den <mark>Ponton</mark> (S.19). – Dort stehen auch Bänke zum Ausruhen.

Danach wandert ihr durch die Steintwiete zum **Rödingsmarkt**. Dort angekommen verstehst du sofort, warum die Hamburger U-Bahn auch den Namen „Hochbahn" trägt.

Spielend unterwegs

Oben auf dem Bahnsteig nehmt ihr die U3 in Richtung Barmbek – **Abfahrt!** Und jetzt gut aufpassen, denn es beginnt eine tolle Bahnstrecke. Die U-Bahn fährt auf ihrer Stahlbrücke direkt an der Elbe entlang. Was für ein Ausblick auf Schiffe, Kräne und all das, was gerade im Hafen passiert! Ein Sitzplatz auf der linken Seite in Fahrrichtung ist ein Glücksfall, aber man kann sich auch einfach an die Tür stellen und gucken. Es sind nur zwei Stationen bis zum **U-Bahnhof Landungsbrücken**. Dort ist die schöne Strecke zu Ende – bitte aussteigen!

Ist dir während der Fahrt das große Segelschiff aufgefallen? Es liegt direkt neben den **Landungsbrücken**. Der schöne, alte Dreimaster heißt

<table>
<tr><td>□</td><td>□</td><td>□</td><td>□</td><td>□</td><td>□</td><td>□</td><td></td><td>□</td><td>□</td><td>□</td><td>□</td><td>□</td><td>□</td></tr>
<tr><td colspan="7" align="center">14</td><td></td><td colspan="6" align="center">2</td></tr>
</table>

Tipp: Geh einmal hin zu dem Schiff, dann liest du den Namen an seinem <mark>Bug.</mark> Und falls ihr Zeit habt: Man kann das Schiff auch besichtigen!

„Die Gangway wird bewegt!"

Vom U-Bahnhof geht es hinunter zum Schiffsbahnhof. Wenn ihr auf dem <mark>Ponton</mark> steht, wird es nicht lange dauern, bis an Brücke 3 eine **Elbfähre** der **Linie 62** anlegt. Mit eurer Tageskarte in der Tasche geht ihr einfach an Bord.

Bei gutem Wetter gibt es keinen besseren Platz als diesen. Auf Schiffen hat das Geländer einen besonderen Namen:

<table>
<tr><td>□</td><td>□</td><td>□</td><td>□</td><td>□</td></tr>
<tr><td colspan="5" align="center">5</td></tr>
</table>

Die Fähre legt ab. Fahrtwind bläst dir ins Gesicht. Riechst du den Hafen und den Fluss? Es gibt unglaublich viel zu sehen, vor allem jede Menge Schiffe (S. 66).

Steuerbord: Nach der Station „Fischmarkt" kommt ein Haus in Sicht, das Formen hat wie ein Schiff: **Dockland.** Wer Lust hat, legt hier einen Zwischenhalt ein, steigt aufs Dockland hinauf, bewundert den Ausblick und fährt mit der nächsten Fähre weiter.

Backbord: Keine silbernen Ostereier, sondern Faultürme des Hamburger Klärwerks. Wie viele sind es?

Die **Haltestelle Neumühlen/ Övelgönne** ist die letzte Station unserer Stadt- und Elbtour. Im **Museumshafen** liegen alte Schiffe, die früher auf der Elbe fuhren. Über ihre Mastspitzen hinweg siehst du den Containerterminal am anderen Ufer.

Von einem gemütlichen Platz aus lässt sich mit dem Fernglas gut beobachten, was dort geschieht. Wie heißt dieser Terminal?

Suche nun die Buchstaben 1-14, die in den Antworten verstreut sind. – Beim Lösungswort handelt es sich um einen ganz besonderen Einwanderer, der nicht weit von unserem Ausflugsziel entfernt seine Heimat gefunden hat:

Baden gehen

Hamburg und das Wasser gehören eng zusammen. Da muss es in dieser Stadt doch auch gute Schwimmbäder geben. Und tatsächlich, es gibt sie!

Zum Beispiel das **Festland**:

Hier teilst du dir das Becken mit riesengroßen Dinosauriern. Da kann es passieren, dass dir aus dem Maul eines Dino plötzlich ein Schwall Wasser entgegenkommt.

Außerdem gibt es im Festland noch eine riesige Badeinsel, auf der man sich wunderbar austoben kann.

Die längste Wasserrutsche in einem Hallenbad bietet das **Bondenwald.** Die Flitzfahrt durch den blauen Tunnel nimmt scheinbar kein Ende: noch eine Kurve und noch eine ... Insgesamt sind es 106 Meter!

Im **Bad Billstedt** gibt es gleich zwei tolle Rutschen: eine Reifen- und eine Turborutsche (für die etwas Älteren ab 13 Jahren).
Während der warmen Jahreszeit ist auch das Freibad geöffnet, und dort gibt es eine außergewöhnliche Attraktion:

Der Spaß heißt *Waterclimbing*. Du kletterst so hoch, wie du magst, und lässt dich dann fallen. Landen wirst du in jedem Fall im Wasser!

Im **Naturbad Stadtparksee** kann man das Baden besonders gut mit anderen Vergnügungen verbinden. Auf einer kleinen Insel im See liegt eine Bootsvermietung, und bis zu dem großen schönen Spielplatz sind es auch nur ein paar Schritte (📖 S. 53).

Die längste Rutsche der Stadt kannst du im **Freibad Aschberg** ausprobieren. Sie ist 111 Meter lang!

Treffpunkt Tierpark

Hier triffst du Lieblingstiere. Gleich in der Nähe des Eingangs wartet eine Herde Elefanten. Ihre liebste Beschäftigung ist Naschen! Sie mögen gesundes Obst und Gemüse, aber nur Original Tierpark-Tierfutter ist erlaubt. Es wird euch auf dem Weg zum Elefantengehege gegen eine kleine Spende angeboten. Und dann heißt es: Ran an den Rüssel!

Keine Angst! Der riesige Elefant zieht die kleine Möhre ganz sanft aus deiner Hand.

Einem Kamtschatka-Bären wirst du nicht so hautnah begegnen. Aber typisch für Hagenbeck ist, dass euch kein Gitter trennt, sondern nur ein tiefer Wassergraben. So hast du freien Blick auf die Bärenfamilie.

Diese Bären zählen zu den größten, die es auf der Welt gibt; sie sind sogar noch größer als der berühmte Grizzlybär. Wenn sich ein Kamtschatka-Bär hinter dir aufrichtet, siehst du ganz schön klein aus.

Auge in Auge mit einer Giraffe – das ist
normalerweise nicht leicht zu machen. Hier kann
sich die Gelegenheit ergeben. Informiere dich, wann
es möglich ist, die Giraffen von der Futterplattform aus zu füttern.

Tipp: Es finden täglich Tierfütterungen statt, bei denen Tierpfleger ihre Schütz-
linge vorstellen und viele spannende Einzelheiten erzählen. Aktuelle Uhrzeiten
werden am Gehege und am Eingang angezeigt.

Im neu gestalteten **Eismeer** gibt es
ein bis zu sieben Meter tiefes
Tauchbecken für Walrosse!

Das Tropen-Aquarium

Haie zählen bei den meisten Menschen nicht zu den Lieblingstie-
ren. Aber fast alle Besucher finden
es toll zu sehen, mit welcher Ele-
ganz die Haie im großen Hai-Atoll
ihre Runden schwimmen. Und
auch diese Tiere werden regelmäßig vor Publikum gefüttert.

Der Rundgang durch das Tropen-
Aquarium bietet aber auch viele
andere überraschende Begegnungen, zum Beispiel mit der ebenso schönen wie
giftigen Grünen Mamba.

Von Faltern umflattert
Der Schmetterlingsgarten in Friedrichsruh

„Guck mal, da fliegt ein Schmetterling!" Oft freuen wir uns schon, wenn nur *ein* Schmetterling an uns vorbeizieht! Hier begegnen dir unzählige: Ein Falter kommt von oben, einer von links, gleich darauf flattert einer um deine Schulter, während drei andere neben dir eine wilde Verfolgungsjagd beginnen.

Der Morphofalter

Wie in einem Schmetterlingstraum ...

Werde ein Schmetterlingsjäger!
Berühren oder gar fangen darf man selbstverständlich keines dieser empfindlichen Tiere, aber mit einer Fotokamera kannst du dich auf Schmetterlingsjagd begeben. Die großen blauen Morpho-Falter sind besonders schön, aber auch sehr schnell und fast immer in Bewegung. Gelingt es dir einen aufs Bild zu bekommen? Du wirst Geduld brauchen und – viel Glück!

Schmetterlinge sind erstaunliche Tiere. Das zeigt sich auch in den Schlupfkästen, wo viele Puppen nebeneinanderhängen. In jeder dieser Puppen verwandelt sich eine Raupe in einen Schmetterling. Vielleicht siehst du sogar, wie ein Schmetterling schlüpft.

Hier passiert es: Ein Morpho schlüpft!

Tipp: Rund um den Schmetterlingsgarten gibt es noch mehr zu entdecken: das Haus der Bäume, einen tollen Spielplatz und den großen, wunderschönen Sachsenwald.

Luchse und Wölfe im
Wildpark Schwarze Berge

Ein Luchs streift durch das Gehege, jede seiner Bewegungen ist weich und geschmeidig. Von deinem Beobachtungsposten aus siehst du, wie er sich auf einer kleinen Anhöhe niederlässt und lauscht. Seine Ohren bewegen sich ...
(Fernglas nicht vergessen!)

Luchsohren haben an ihrer Spitze kleine Haarbüschel, sogenannte „Pinsel".

Der Wildpark ist ein Paradies für alle, die gern Tiere beobachten. Manchen Parkbewohnern wirst du auch hautnah begegnen. Die drolligen Hängebauchschweine lassen sich gern streicheln und im Freigehege triffst du Rehe, die dir aus der Hand fressen (das Futter gibt es im Wildpark zu kaufen).

Besonders spannend wird es, wenn am Wochenende eine „Futtertour" stattfindet. Du bist dann dabei, wenn Wölfe und Luchse gefüttert werden. Mitarbeiter des Wildparks erzählen vom Charakter und Verhalten der Tiere.

Adler, Falke und andere Greifvögel starten täglich zu einer Flugschau. Da heißt es: „Kopf einziehen! Adler im Anflug!"

Spielen draußen und drinnen

Klettern, rutschen, springen, schweben, matschen – hier ist alles möglich. Denn dieser Park hat zwei der besten Spielplätze Hamburgs. Er liegt mitten in der Stadt und heißt „Pflanzen und Blumen". Bekannt ist er aber nur unter seinem hamburgischen Namen: **Planten un Blomen**.

Im Sommer kommen Wasserspritzen zum Einsatz! Wer es gern ein bisschen ruhiger mag, setzt sich einfach auf seinen Bagger.

Ein Spaziergang durch Planten un Blomen lohnt sich besonders, wenn er zu den Groß-Spielgeräten in den **Großen Wallanlagen** führt. Dort gibt es eine doppelte Schwebebahn und Riesenrutschen. Aber warum heißt dieser Teil des Parks „Große Wallanlagen"? – Biegt nur einmal um die Ecke, dann seid ihr beim **hamburgmuseum**. Dort erfahrt ihr es.

Nimm auf dem kleinen Sitzteller Platz und halt dich gut fest! Der „Tarzan-Schwinger" ist eine Schaukel, bei der man von einer Anhöhe zur anderen schwingt. – Und das ist nur eines von vielen spannenden Spielgeräten im **Stadtpark**.

Hamburgs erster **Computer-Spielplatz** liegt im Stadtteil Eimsbüttel. Die Klettergerüste sind mit Computer-Displays verbunden. Dabei gibt es einfache und kompliziertere Spielanleitungen. Am besten spielen Mannschaften gegeneinander: Gewinnen wird das Team, das richtig reagiert und sich sehr schnell bewegt.

Drinnen spielt sich's gut zu jeder Jahreszeit und bei jedem Wetter. Besondere Erlebnisse erwarten dich im **Rabatzz**, Hamburgs größtem Indoor-Spielplatz. Das Kletter-Labyrinth, das sich über vier Etagen erstreckt, bietet tausend Möglichkeiten herumzutoben.
Mutige trauen sich auf die Doppel-Freifallrutsche. Fünf Meter hoch stehst du auf der einen und in über sieben Meter Höhe auf der anderen Plattform. Nach dem Absprung kommt erst einmal der „freie Fall", dann das Rutschen und die sichere Landung.

Museen für Kinder
Und schon macht's KL!CK ...

Im **Kl!CK Kindermuseum Hamburg** darf man seine Nase
überall hineinstecken: Probier es aus!

Aus jedem Riechhaus strömt ein anderer Geruch.
Duftet es hier nicht nach frisch gemahlenem Kaffee?

Eine Zeitreise führt dich zurück in die Welt deiner Urgroßmutter.
Bei ihr wurde der Kaffee noch mit der Hand gemahlen. Das ist
nicht besonders schwer – einfach loskurbeln!

Mühsamer ging es am Waschtag zu. Über-
zeug dich selbst! Alles steht bereit: Wasser,
Kernseife, Wäsche und natürlich Zinkwannen,
Waschbretter und Wäschestampfer. Wenn du
nicht weißt, wie es geht, frag einfach jemanden vom Museum, oder nimm deine Oma
oder Uroma mit ins **Kl!CK** – sie wissen, wie
man's macht!

Auf dem Frei-
gelände hinter
dem Museum
steht ein echter
Bagger, und es
kann sogar ein
Haus gebaut werden. Nimm die Kelle in die
Hand und mauer die erste Wand!

KL!CK: Ach so geht das!

KINDEROLYMP

Den **KINDEROLYMP** findest du im **Altonaer Museum** hoch oben unterm Dach. Olymp heißt das höchste Gebirge Griechenlands und die alten Griechen glaubten, es sei der Sitz der Götter. In Altona aber gehört das oberste Stockwerk den Kindern.

Hier hast du freie Bahn und kannst zum Beispiel ausprobieren, wie sich mit Licht und Schatten spielen lässt. Die Bühne eines Schattenspieltheaters steht bereit.
Da macht es Spaß, sich eine kleine Geschichte auszudenken:

„Warte mal",
brummte der Bär und …

Auf dem KINDEROLYMP finden regelmäßig Ausstellungen statt. Immer steht ein spannendes Thema im Mittelpunkt. Welches Thema gerade dran ist, kannst du im Internet erfahren, oder du lässt dich einfach überraschen.

Jeden Sonntag kann man in der Werkstatt des Museums aktiv werden. „Sonntagskinder" heißt das Angebot. Anmelden musst du dich nicht, nur hingehen und mitmachen!

Und das Altonaer Museum hat noch etwas Besonderes für Kinder. Neben dem KINDEROLYMP gibt es auch noch das **Kinderbuchhaus**. Hier kannst du dich bequem zwischen Buchregalen niederlassen und in Bücherwelten eintauchen.
Künstlerinnen und Künstler, die Kinderbücher illustrieren, stellen in diesen Räumen

ihre Zeichnungen aus; gelegentlich kommen sie auch hierher und zeigen, wie das Bild aufs Papier und ins Buch kommt. Zudem gibt es regelmäßig Lesungen und andere Veranstaltungen rund ums Buch.

Spannende Begegnungen
Piraten im hamburgmuseum

Einst überfielen Seeräuber die Schiffe der Hamburger Kaufleute. Der berühmteste dieser Piraten war **Klaus Störtebeker**. Die typischen Handelsschiffe zu seiner Zeit hießen Koggen. Im **hamburgmuseum** betrittst du den dicken Bauch einer solchen Kogge. Hier, im dunklen Laderaum, erfährst du mehr über die Kämpfe zwischen „Kauffahrern" und Seeräubern. Störtebeker wurde im Jahr 1401 gefangen genommen und später mit mehreren seiner Gefährten auf dem Grasbrook hingerichtet. Heute liegt auf diesem Gelände die HafenCity.

Zur Abschreckung nagelte man die Piratenköpfe an ein Gerüst. Das rechte Bild zeigt, wie Störtebeker (vielleicht!) aussah.

Schiffsbalken knarren, Kanonen sind bereit zum Feuern. Teile des gefundenen Wracks sind zu sehen und lassen ahnen, wie es an Bord zuging.

Ein paar hundert Jahre später ereignete sich auf der Elbe ein gewaltiges Unglück: Ein Schiff explodierte und sank. 1980 haben Bagger Teile des Wracks vom Boden der Elbe heraufgeholt. Heute weiß man, dass es sich um ein Schmugglerschiff handelte. Aber wer hat hier wen angegriffen? Und wie kam es zu dem großen Knall? Da gibt es noch manche spannende Frage ...

Im Museum werden viele Hamburger Geschichten erzählt (nicht nur solche mit Piraten). Große **Stadtmodelle** zeigen in allen Einzelheiten, wie Hamburg sich zur Welthafenstadt entwickeln konnte. Und du erfährst auch, warum Hamburg bis heute den Beinamen **Hansestadt** trägt. Die Hanse war eine Vereinigung von Kaufleuten und Handelsstädten. Sie schlossen sich zusammen, um mehr Macht zu gewinnen – und sie kämpften gemeinsam gegen die Piraten.

Eine Hanse-Kogge

Indianer im Museum für Völkerkunde

Ein Paradies für Spurensucher! Hier macht es Spaß herauszufinden, wie Menschen in anderen Erdteilen leben – manchmal ähnlich wie wir, oft aber auch ganz anders. Du kannst nach Afrika „reisen", nach Südamerika, in die Südsee oder eben zu den Indianern Nordamerikas:

Ab ins Tipi!
Drinnen sitzt du warm und weich auf Bison- und Bärenfellen, draußen hörst du den Wind über die Prärie rauschen. Wenn du wieder herausgekrabbelt bist, begib dich am besten gleich auf eine indianische Fährtensuche.

Zeichensprache üben
Die Indianer hatten unglaublich viele und vor allem sehr verschiedene Sprachen. Bei Begegnungen mit einem anderen Stamm half oft nur die Zeichensprache.

Was bedeutet wohl dieses Handzeichen?

Masken der Südsee
Schaurig-schön sind die Masken, die dir in einem großen, halbdunklen Raum begegnen. Findest du heraus, warum sie für die Menschen auf jenen fernen Inseln so große Bedeutung hatten?

Spannende Begegnungen
Kunst und Fantasie

In der **Hamburger Kunsthalle** hat der Künstler Olafur Eliasson einen Spielraum geschaffen, wie es ihn nirgendwo sonst gibt: das **Hamburger Kinderzimmer**. Mittendrin steht ein großer Tisch. Auf dem findest du alles, was du brauchst, um ein eigenes Kunstwerk zu bauen.

Die dünnen, bunten Stäbchen haben unterschiedliche Enden. Du kannst sie mit weißen Verbindungskugeln zu einfachen oder auch sehr komplizierten Objekten zusammenfügen. Deiner Fantasie sind keine Grenzen gesetzt.

In den Wänden des weißen Würfellabyrinths findet jedes frisch entstandene Kunstwerk seinen Platz.

Später kannst du eine „Wanderkarte" zur Hand nehmen, die dich in die Ausstellungsräume des Museums führt. Dort kommst du ausgewählten Bildern und anderen Kunstwerken auf die Spur. Am Ende landest du wieder im Hamburger Kinderzimmer.

Beinahe noch fantastischer geht es im **Museum für Kunst und Gewerbe** zu. Dort gibt es den **Garten der Dinge**, einen wunderbaren Ort, an dem man vieles erleben kann. Du kannst dich zum Beispiel verkleiden; buntes Material ist reichlich vorhanden. Nutze es und gestalte – vielleicht auch mit etwas Hilfe – eine besondere Szene. Eine Kamera über deinem Kopf macht ein „VonObenBild". Das kannst du dir per Mail nach Hause schicken lassen.

Himmel und Erde

Der Projektor in der Mitte des Sternensaals wirft atemberaubende Bilder an die Kuppeldecke.

Das Hamburger **Planetarium** gehört zu den modernsten der Welt, es bietet ein Programm mit ganz unterschiedlichen Themen. – Lehn dich einfach mal weit zurück und guck in den Himmel! Die Vorstellung beginnt: Über deinem Kopf spielen sich erstaunliche Dinge ab. Vielleicht siehst du die Planeten unseres Sonnensystems. Oder du gehst auf eine Raketenreise in die Tiefen des Weltraums und begegnest unbekannten Sternen.

Spuren unserer Vergangenheit verstecken sich manchmal tief unter der Erde. Das **Archäologische Museum Hamburg** zeigt, was bei Ausgrabungen in und um Hamburg entdeckt wurde. Viele Fundstücke werden auf sehr ungewöhnliche Weise präsentiert.

Auf dem Boden des Museums ist der Hamburger Nahverkehrsplan aufgezeichnet – jedoch in riesigem Format. Du findest viele bekannte U- und S-Bahnstationen. Gehst du etwa zur Haltestelle „Mönckebergstraße", dann liegt dort in einer Glasvitrine ein über 700 Jahre alter Kinderstiefel. Sobald du den Halteknopf drückst, hörst du aus einem Lautsprecher die Geschichte, wie und wo dieses Schühchen gefunden wurde und was man sonst noch darüber weiß.

Stadt der Brücken

Sobald du in Hamburg unterwegs bist, überquerst du alte und neue Brücken, kleine und große, schöne und solche, die vor allem praktisch sind. Hamburg hat mehr Brücken als jede andere Stadt in Europa. Es sind ungefähr 2500!

Brückengetümmel in der Speicherstadt.
Hier sind gleich vier auf einen Streich: die Kannengießerbrücke, Kannengießerort-
brücke, Neuerwegsbrücke und Pickhubenbrücke (von links nach rechts). Wie sie
zu ihren Namen kamen, erfährst du im **Speicherstadtmuseum**.

Die **Lombardsbrücke** ist bei den Hamburgern besonders beliebt. Warum?
Weil man vom Jungfernstieg so gern zu ihr hinübersieht. Und weil es umgekehrt
noch einmal ganz wunderbar ist, auf dieser Brücke zu stehen und über die
Binnenalster hinweg auf das Panorama der Stadt zu blicken.

Kühn und elegant schwingt sich die **Köhlbrandbrücke** über die Süderelbe.
Die Brücke ist so hoch, dass auch große Containerschiffe unter ihr hindurch-
fahren können.
Tipp: Mit der Elbfähre 61 kommst du ganz nah an das mächtige Bauwerk heran.

Direkt neben der Elbphilharmonie steht
diese Klappbrücke, die sich öffnet,
wenn ein Museumsschiff in den Sandtorhafen einfährt oder ihn verlässt. Sie
trägt heute den Namen eines Mannes,
der für die Freiheit Indiens kämpfte:
die **Mahatma-Gandhi-Brücke**.

Die **Kattwykbrücke** ist die größte
Hubbrücke der Welt. Hier wird der
Fahrweg für Autos und Eisenbahnen
in die Höhe gehoben, damit ein
Schiff passieren
kann.

Nicht jede Brücke führt übers
Wasser. Das **Viadukt der U-Bahn**
zwischen Rödingsmarkt und.
Landungsbrücken ist so bekannt,
dass es als ein Wahrzeichen
Hamburgs gilt. Nachts wird die
Stahlkonstruktion beleuchtet.

Typisch Hamburg

Es ist das größte Hafenfest der Welt:
An einem Wochenende Anfang Mai
feiert Hamburg alljährlich
den **Hafengeburtstag.**
Viele große und kleine
Schiffe kommen zu Besuch.
Ein Höhepunkt des Festprogramms
ist jedes Mal das Schlepperballett.

Kraftpakete bitten zum Tanz.

Nur wer an einem Sonntagmorgen
ganz früh aufsteht, erlebt den
Hamburger Fischmarkt. Dort geht
es laut und lustig zu, denn die
Marktschreier, die längst nicht nur
Fisch verkaufen, arbeiten mit vollem
Einsatz ihrer Stimme – und oft auch
mit viel Witz!

Und noch ein großes Fest:
der **Hamburger Dom**. Wie beliebt er ist,
sieht man schon daran, dass es ihn gleich
dreimal im Jahr gibt: im Frühling, im Sommer und im Winter. Jeder Dom dauert ungefähr einen Monat; in dieser Zeit drehen
sich die Karussells, und das ganze Heiligengeistfeld steht voller bunter Buden.
Der Jahrmarkt trägt den Namen „Dom“,
weil seine Geschichte vor sehr langer Zeit
im Mariendom begann (📖 S. 40). In
dieser Kirche durften die Händler bei
schlechtem Wetter ihre Stände aufbauen.
Und im Winter fand in den Gängen des
Mariendoms regelmäßig ein großer Markt
statt.

*55 Meter hoch! Aus den Gondeln des Rie-
senrads hat man einen riesigen Ausblick!*

Schmeckt lecker, ist ein bisschen klebrig und hat Ähnlichkeit mit einer Schnecke: das **Franzbrötchen**. In Hamburg findest du keine Bäckerei ohne dieses duftende Gebäck, das mit Zimt und Zucker gefüllt ist. Lange Zeit wurde es nur in Hamburg gebacken.

Zitronenjette ist der Spitzname einer Frau, die auffallend klein und sehr arm war. Sie zog mit einem Korb voller Zitronen durch Hamburgs Straßen und Lokale. Überall bot sie ihre Früchte an mit dem Ruf: „Zitroon! Zitroon!" Das Denkmal der Zitronenverkäuferin steht ganz in der Nähe des Michel an der Ludwig-Erhard-Straße.

In Hamburg siehst du hier und da Statuen eines Mannes, der zwei Wassereimer schleppt. Dieser Wasserträger hat vor langer Zeit die Menschen in der Stadt mit Wasser versorgt. Das war schwere Arbeit, und man kann gut verstehen, dass er wütend wurde, wenn die Straßenjungen ihn dabei verspotteten. „**Hummel, Hummel**", riefen sie ihm hinterher. „**Mors, Mors!**", knurrte er zurück. – „Mors" heißt auf hamburgisch „Hintern". Der Wasserträger hatte keine Lust, viele Worte zu machen, eigentlich meinte er: „Klei mi an' Mors!" („Kleien" heißt „kratzen"). Nun kannst du dir denken, was er damit sagen wollte ...

„Hummel, Hummel – Mors, Mors" wurde zu einem weit verbreiteten Hamburger Gruß.

„Was man in Hamburch so saacht"

Ein schönes hamburgisches Wort ist zum Beispiel **appeldwatsch**. Sagt jemand: „Dat is appeldwatsch!", dann ist die Sache für ihn dummes Zeug.

Ein Beutel ist in Hamburg ein „Büdel", und davon laufen hier erstaunlich viele herum: Der **Quarkbüdel** meckert und jammert zu viel, der **Sabbelbüdel** kann nicht aufhören zu sabbeln (= reden) und der **Tüdelbüdel** sabbelt dann auch noch „Tüdelkram" (= Unsinn).

Hör mal genau hin: Aus dem Mund mancher Leute kommt auch heute noch typisch Hamburger **Snack**!

Hamburg-Rätsel

„He lücht!" – Oder vielleicht doch nicht?
Barkassenkapitäne stehen im Ruf, nicht immer die
Wahrheit zu erzählen, daher ihr Spitzname: „He lücht"
(hochdeutsch: „Er lügt"). Wie ist es mit den Behaup-
tungen unseres „He lücht"? – Was meinst du?

1. Der „Hamburger" aus dem Imbiss heißt so, weil   _ richtig   _ falsch
   er ursprünglich aus Hamburg kommt.

2. Das Hamburger Autokennzeichen „HH" steht für   _ richtig   _ falsch
   den Hamburger Gruß „Hummel, Hummel".

3. Das Hamburger Rathaus hat mehr Zimmer als   _ richtig   _ falsch
   der Buckingham Palace, der Palast der britischen
   Königin.

4. Am Hamburger Hafen liegt Deutschlands nörd-   _ richtig   _ falsch
   lichster Weinberg.

5.

   Bei dem Schiff fließen die Tränen, weil es den   _ richtig   _ falsch
   Hamburger Hafen verlassen muss.

6. Vollbremsung eines Containerriesen bei voller   _ richtig   _ falsch
   Fahrt. Der Bremsweg des Schiffes ist neun
   Kilometer lang.

7. Vom Michel aus kann man drei Meere sehen.   _ richtig   _ falsch

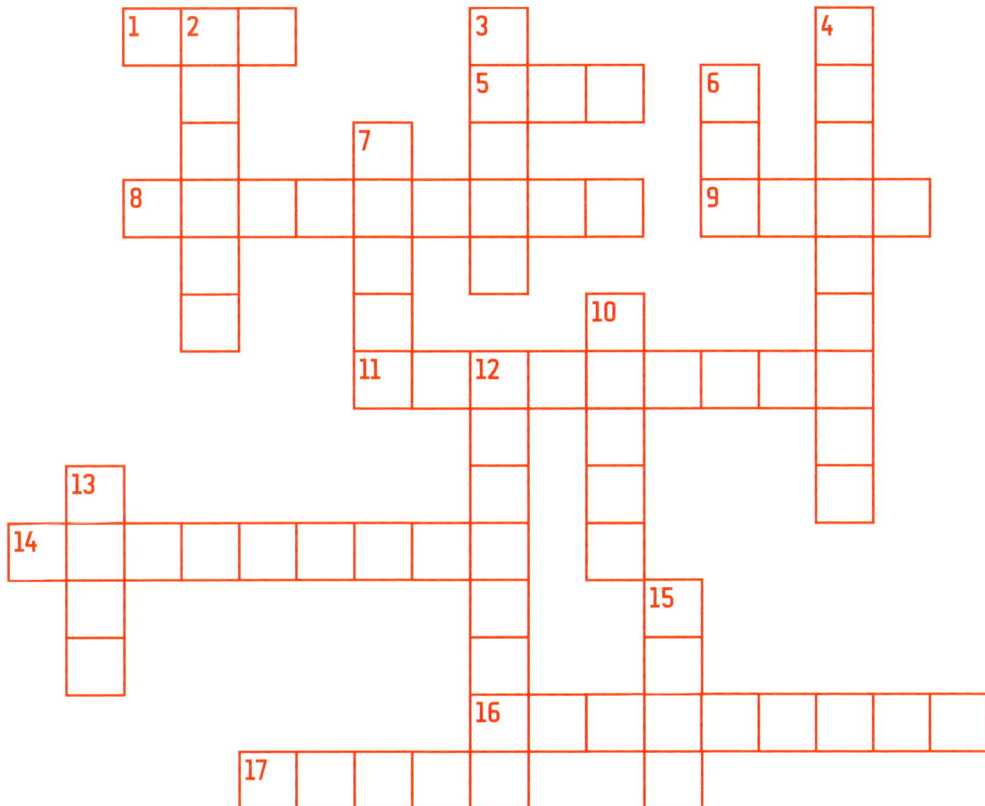

1. Ein Fisch, den die Marktschreier auf dem Fischmarkt gern anbieten
2. In diesem Stadtbezirk befinden sich der KINDEROLYMP und das Kinderbuchhaus.
3. Dieses große Land ist Fahrtziel vieler Schiffe, die den Hamburger Hafen verlassen.
4. Das Wasser am Hafen steigt, der Wind wird stärker. Achtung! Gefahr einer ...
5. Der Verein spielt seit 50 Jahren in der Fußball-Bundesliga.
6. Großer Hamburger Jahrmarkt
7. Ein mächtiger Städtebund des Mittelalters, zu dem auch Hamburg gehörte
8. Großer Behälter aus Metall, der auf Schiffen um die ganze Welt fährt
9. Das riesige Luxusschiff, das Hamburg ab und zu besucht, ist benannt nach einer englischen Königin. Wie heißt sie?
10. Der längste Bus der Welt fährt auf der Buslinie ... (ü = ue)
11. Ein 427 Meter langer Spaziergang – garantiert ohne Sonne. Wo? Im ...
12. Kleines Schiff, das früher Arbeiter beförderte und heute Touristen durch den Hafen fährt.
13. Früher wurde Schiffsfracht oft in diesem hölzernen Behälter verstaut.
14. Das Hamburger Zuhause von Elefanten, Bären und vielen anderen Tieren
15. „An de Alster, an de Elbe, an de Bill, dor kann jeder eener moken, wat he ...
16. Groß ist er nicht, aber sehr stark und wendig. Ein Mal im Jahr tanzt er auf der Elbe Ballett.
17. An diesem Fluss begann die Geschichte des Hamburger Hafens.

Wer kennt die Schiffe?

Im Hamburger Hafen sind viele verschiedene Schiffe unterwegs.
Kannst du sie unterscheiden?

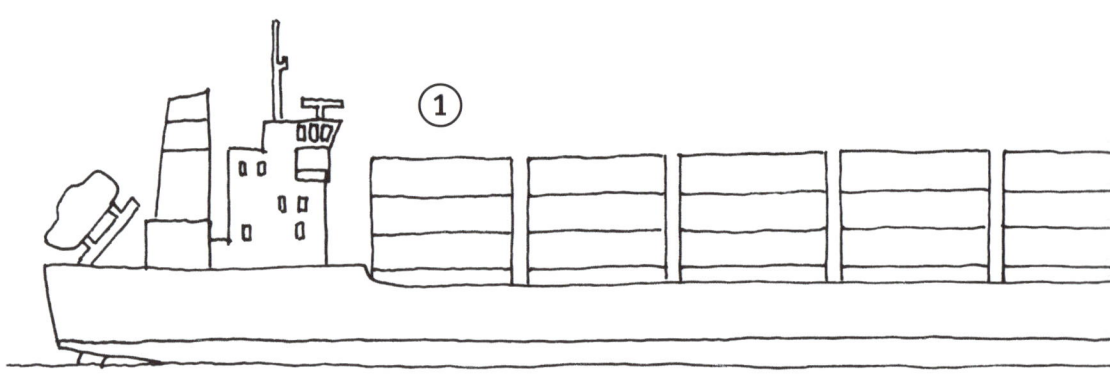

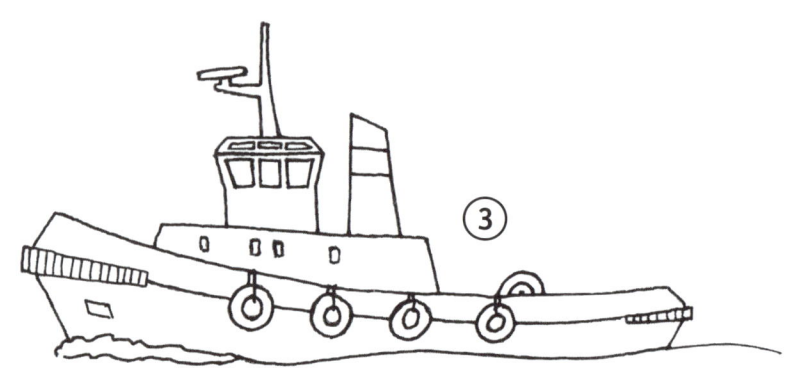

Bitte einmal „pönen"!
In der Seemannssprache heißt das
„bitte überstreichen". Also: Gib den
Schiffen passende Farben!

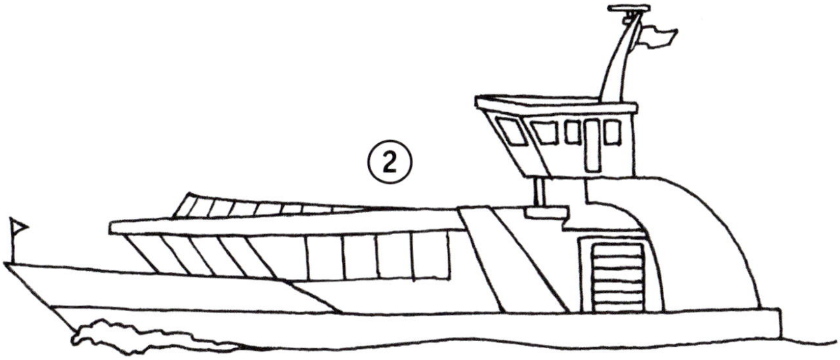

②

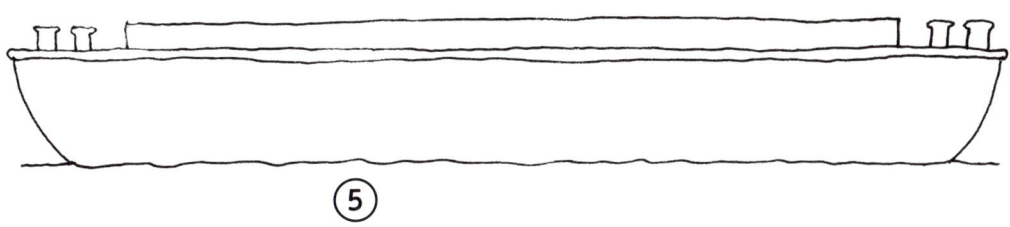

⑤

Schlepper oder Schute?
Welche Zahl gehört zu
welchem Schiff?

① Barkasse

② Schute

③ Elbfähre

④ Containerschiff

⑤ Zollboot

⑥ Schlepper

④

Kleines Hafen-ABC

Achterdeck	heißt in der Seemannssprache der hintere Teil des Schiffsdecks. → Deck
Backbord	ist die linke Seite des Schiffes, wenn du an Bord bist und in Fahrtrichtung blickst. → Steuerbord
Brücke	Die riesigen Stahltürme eines Containerterminals, die aus der Ferne wie Kräne aussehen, werden „Brücken" genannt. Sie bilden eine Brücke zwischen dem Schiff und dem Kai. Mit ihrer Hilfe können Containerschiffe schnell be- und entladen werden (📖 S. 25) „Brücke" heißt aber auch der Teil eines Schiffes, von dem aus der Kapitän oder Steuermann das Schiff lenkt.
Bug	ist das vordere Ende des Schiffes. → Heck
bugsieren	Hafenschlepper bugsieren ein Schiff in den Hafen. Sie nehmen es ins Schlepptau oder drücken es mit ihrem Bug, bis es seinen Anlegeplatz im Hafen erreicht. (📖 S. 26/27)
Containerterminal	Hier werden Container umgeladen, zum Beispiel von einem Containerschiff auf Lkw oder auf Eisenbahnwaggons.
Deck	heißt die Fläche auf einem Schiff, die den Schiffsbauch nach oben hin verschließt (wie ein Deckel). Aber auch die Zwischenböden eines Schiffes heißen Deck (Zwischendeck, Brückendeck usw.)
Dock	ist der Teil einer Werft, in dem Schiffe repariert und „gepflegt" werden. (📖 S. 23)
Duckdalbe	nennt man einen in den Hafenboden gerammten Pfahl aus Holz oder Stahl, an dem Schiffe festmachen können. Duckdalben stehen oft zu mehreren zusammen und sind ein bevorzugter Ruheplatz für Möwen.
Ebbe	Ebbe und Flut wechseln sich regelmäßig ab. Bei Ebbe geht das Wasser zurück, der Wasserstand sinkt. → Flut
Fleet	Eine schmale Wasserstraße, auf der es früher regen Bootsverkehr gab. Viele Fleete durchzogen die Hamburger Innenstadt. Nur wenige sind bis heute erhalten geblieben.
Flut	Bei Flut kommt das Wasser, der Wasserstand steigt. → Ebbe

Gangway	ist die Verbindung zwischen Schiff und Kai oder Ponton. Über die Gangway gehen Passagiere an oder von Bord.
Heck	ist das hintere Ende des Schiffes. → Bug
kabbelig	Das Wasser an den Landungsbrücken ist oft kabbelig (= unruhig), weil die Wellen aus verschiedenen Richtungen kommen.
Kai	ist ein Ufer, das durch Mauern befestigt ist. Schiffe können hier gut anlegen.
löschen	bedeutet: die Schiffsfracht entladen.
Pegel	ist ein Messgerät, mit dem der Wasserstand gemessen wird. Der Turm an den Landungsbrücken wird auch „Pegelturm" genannt, denn er zeigt an, wie hoch der Wasserstand der Elbe ist. (S. 20)
Poller	heißt ein kurzer Pfahl aus Metall oder Holz, der oft wie ein Pilz aussieht. Am Kai oder auf dem Ponton stehen Poller, an denen die Leinen von Schiffen festgemacht werden.
Ponton	ist eine schwimmende Anlegestelle für Boote und Schiffe. Meistens ist es ein großer Kasten aus Stahl, der mit Luft gefüllt ist. Sein großer Vorteil ist, dass er sich mit Ebbe und Flut senkt und hebt.
Seemannsgarn	wird von Seeleuten „gesponnen". Gemeint sind damit ihre oft etwas undurchsichtigen Erzählungen. Man weiß dann nicht genau, ob da jemand die Wahrheit sagt oder „Seemannsgarn" spinnt, also Geschichten erfindet.
Steuerbord	ist die rechte Seite des Schiffes, wenn du an Bord bist und in Fahrtrichtung blickst. → Backbord
TEU	Ein TEU ist ein Standardcontainer. Er ist ziemlich genau sechs Meter lang. Wenn man das Längenmaß „Fuß" zugrunde legt, misst er zwanzig Fuß (engl.: twenty foot). Die Abkürzung TEU heißt in voller Länge „Twenty-foot Equivalent Unit". Ein großes Containerschiff hat Platz für viele tausend TEU.
Vorderdeck	ist der vordere Teil des Schiffsdecks. → Deck
Werft	In einer Werft werden Schiffe gebaut oder repariert.

Sehenswürdigkeiten im Über

Alter Elbtunnel Bei den St. Pauli-Landungsbrücken 7; *U3 Landungsbrücken, S1, S3 Landungsbrücken*

Alter Schwede Elbfähre 62 Neumühlen, Bus 286 Bernadottestraße

Altonaer Balkon Palmaille; *S1, S3 Altona oder Königstraße*

Bischofsturm (Schauraum) Kreuslerstr. 4/ Ecke Speersort; *U3 Rathaus oder Mönckebergstraße, Bus 4, 5, 6 Gerhart-Hauptmann-Platz; Mo–Fr 7–19 Uhr, Sa 7–18 Uhr; Eintritt frei*

Cap San Diego – Museumsschiff Überseebrücke; *U3 Baumwall, S1, S3 Landungsbrücken; tägl. 10–18 Uhr; 7 €, Kinder bis 14 J. 2,50 €, Familienkarte 14 €; Tel: 36 42 09; www.capsandiego.de*

Computer-Spielplatz Eimsbüttel Bellealliancestraße; *U2 Christuskirche*

Deichstraße U1 Rödingsmarkt, *S1 und S3 Stadthausbrücke*

Dialog im Dunkeln Alter Wandrahm 4; *U1 Messberg, Bus 3,4, 6 Katharinenkirchhof; Di–Fr 9–17 Uhr, Sa. 10–20 Uhr, So 11–19 Uhr; 13,50 €, bis 12 J. 11,50 €, Familienkarte 52 €; Tel: 30 96 34 0; www.dialog-im-dunkeln.de*

Dockland Fischereihafen; *Elbfähre 62 Dockland*

Dom – Jahrmarkt Heiligengeistfeld; *U3 St. Pauli u. Feldstraße; Frühjahrsdom März–April, Sommerdom Juli–Aug., Winterdom Nov.–Dez. www.hamburg.de/dom/*

Domplatz U3 Rathaus, *Bus 4, 5, 6 Gerhard-Hauptmann-Platz*

Elbphilharmonie Am Kaiserkai 69, *U3 Baumwall*

Fischmarkt Elbstrasse 1; *S1, S3 Reeperbahn, U3 Landungsbrücken, Bus 112 Fischmarkt, Elbfähre 62 Altona (Fischmarkt); April–Okt. So 5–9.30 Uhr, Nov.–März 7–9.30 Uhr*

Garten der Schmetterlinge Friedrichsruh Am Schlossteich 8, 21521 Aumühle; *S21 Aumühle; Mitte März–Okt. tägl. 10-18 Uhr; 7 €, 4,50 €, Familienkarte 21 €; Tel: 04104 60 37; www.garten-der-schmetterlinge.de*

HafenCity U1 Messberg, Bus 3, 4 Bei St. Annen, Bus 6 Osakaallee; *www.hafencity.com*

HafenCity InfoCenter im Kesselhaus Am Sandtorkai 30; *U3 Baumwall, Bus 3 Auf dem Sande; Di–So 10–18 Uhr, Mai–Sept. Do 10–20 Uhr; Eintritt frei; Tel: 36 90 17 99; www.hafencity.com*

Hagenbecks Tierpark Lokstedter Grenzstr. 2, *U2 Hagenbecks Tierpark; Nov.–Feb. 9–16.30 Uhr, März–Juni und Sept.–Okt. 9–18 Uhr , Juli–Aug. 9–19 Uhr; 20 €, (4–16J.)15 €, Familienkarte 60 €; Kombikarte m. Tropenaquarium 30 €, 21 €, Familienkarte 85 €; Tel: 53 00 330; www.hagenbeck.de*

High-Flyer Deichtorstraße 1–2; *U1 Steinstraße; 10–22 Uhr (wetterabhängig!); 15 €, 8 €, ab 12 J. 10 €; Tel: 30 08 69 69 (auch Wetterhotline); www.highflyer-hamburg.de*

Preise

Hygieia-Brunnen Rathausmarkt 1; *U3 Rathaus*
Kinderbuchhaus im Altonaer Museum, Museumstr. 23; *S1, S2, S3 Altona; Di–So 10–17 Uhr;* 6 €, Kinder frei; Tel: 42 81 35 15 43; *www.kinderbuchhaus.de*

Kirchen:

St. Jacobi Jakobikirchhof 22; *U1 Steinstraße, U3 Mönckebergstraße;* Tel: 30 37 37 0; *www.jacobus.de*
St. Katharinen Katharinenkirchhof 1; *U1 Meßberg, Bus 3, 4, 6 Brandstwiete;* Tel: 30 37 47 30; *www.katharinen-hamburg.de*
St. Michaelis Englische Planke 1; *S1, S3 Stadthausbrücke, U3 Rödingsmarkt oder Baumwall; Mai–Okt 9–20 Uhr, Nov.–April 10–18 Uhr,* Turmbesichtigung 4 €, 3 €; Tel: 37 67 80; *www.st-michaelis.de*
St. Nikolai (Mahnmal) Willy-Brandt-Straße 60; *U3 Rathaus u. Rödingsmarkt; Panoramalift u. Dokumentationszentrum Mai–Sept. tägl. 10–20 Uhr, Okt.–April tägl. 10–17 Uhr;* 3,70 €, 2 €; Tel: 37 11 25; *www.mahnmal-st-nikolai.de*
St. Petri Bei der Petri-Kirche 2; *U3 Rathaus, Bus 4, 5, 6 Gerhard-Hauptmann-Platz; Turmbesteigung Mo–Sa 10–16.30 Uhr, So 11.30–16.30 Uhr;* 3 €, 1 €; Tel: 32 57 40 0; *www.sankt-petri.de*

Landungsbrücken *U3 St. Pauli Landungsbrücken, S1, S3 St. Pauli Landungsbrücken*
Miniatur Wunderland Kehrwieder 2–4; *U3 Baumwall, Bus 3 und 4 Auf dem Sande; tägl. 9.30–18 Uhr, Di 9.30–21 Uhr, Fr 9.30–19 Uhr, Sa 8–21 Uhr, So 8.30–20 Uhr;* 12 €, 6 €; Tel: 30 06 80 0; *Ticketvorbestellung ist zu empfehlen: via Internet unter www.miniatur-wunderland.de*

Museen:

Altonaer Museum / KINDEROLYMP Museumstr. 23; *S1, S2, S3 Altona; Di–So 10–17 Uhr;* 6 €, Kinder frei; Tel: 42 81 35 35 82 *www.altonaermuseum.de*
Archäologisches Museum Hamburg Harburger Rathausplatz 5; *S3, S31 Harburg Rathaus; Di–So 10–17 Uhr;* 6 €, Kinder frei; Tel: 42 87 14 27 9; *www.helmsmuseum.de*
Deutsches Zollmuseum Alter Wandrahm 16; *U1 Meßberg, Bus 3, 6 Brandstwiete; Di–So 10–17 Uhr;* 2 €, Kinder frei; Tel: 42 82 03 91 1; *www.zoll.de*
Hafenmuseum Hamburg Australiastr. 50b; *S3, S31 Veddel, Bus 256 Australiastraße/Hafenmuseum, Elbfähre 73 Argentinienbrücke (→ Bus 256), Maritime Circle Line; Anfang April bis Ende Okt., Di–So 10–18 Uhr;* 5 €, Kinder frei; Tel: 73 09 11 84; *www.hafenmuseum-hamburg.de*

hamburgmuseum/Museum für Hamburgische Geschichte Holstenwall 24; U3 St. Pauli, Bus 112 hamburgmuseum; 8 €, Di–Sa 10–17 Uhr, So 10–18 Uhr; Kinder frei; Tel: 428132 100; www.hamburgmuseum.de

Kl!CK Kindermuseum Hamburg Achtern Born 127; S1 Klein-Flottbek/Botanischer Garten → Bus 21 Achtern Born/Kindermuseum, S21 oder S3 Elbgaustraße → Bus 21; Mo–Fr 9–18 Uhr, So 11–18 Uhr (Achtung; Samstags nur Kindergeburtstage!); 4 €, Familienkarte 12 €; Tel: 41 09 97 77; www.kindermuseum-hamburg.de

Museum für Kunst und Gewerbe Steintorplatz; alle U und S Hauptbahnhof; Di–So 11–18 Uhr, Do 11–21 Uhr; 8 €, Kinder frei; Tel: 42 81 34 88 0; www.mkg-hamburg.de

Museum für Völkerkunde Rothenbaumchaussee 64; U1 Hallerstraße; Di–So 10–18 Uhr, Do 10-21 Uhr; 7€, Kinder frei; Tel: 42 88 79-0; www.voelkerkundemuseum.com

Speicherstadtmuseum Am Sandtorkai 36; U3 Baumwall, Bus 3, 4 Auf dem Sande; April–Okt. Mo–Fr 10–17 Uhr, Sa und So 10–18 Uhr, Nov.–März Di–So 10–17 Uhr; 3,50 €, 2 €; Tel: 32 11 91; www.speicherstadtmuseum.de

Spicy's Gewürzmuseum Am Sandtorkai 34; U3 Baumwall, Bus 3 und 4 Auf dem Sande; Juli–Okt. tägl. 10–17 Uhr, Nov.–Juni Di–So 10-17 Uhr; 3,50 €, 1,50 €; Tel: 36 79 89; www.spicys.de

Museumshafen Övelgönne Neumühlen 1; Elbfähre 62 Neumühlen/Övelgönne, Bus 112 Neumühlen/Övelgönne; Tel: 41 91 27 61; www.museumshafen-oevelgoenne.de

Nikolaifleet Willy-Brandt-Straße; U3 Rödingsmarkt und Baumwall

Planetarium Hindenburgstr. 1b; U3 Borgweg, Bus 118, 20 Ohlsdorfer Straße/Planetarium; Di 9–17 Uhr, Mi u. Do 9–21 Uhr, Fr 9–22 Uhr, Sa 12–22 Uhr, So 10–20 Uhr, nur in den Hamburger Schulferien Mo 9–17 Uhr; 9,50 €, 6 €; Di-Nachmittag 6 € auch für Erw.; Tel: 42 88 65 20; www.planetarium-hamburg.de

Planten un Blomen Innenstadt; U1 Stephansplatz, U2 Messehallen, U3 St. Pauli, S21, S3 Dammtor; Mai-Sept. 7–23 Uhr, Okt.-März 7–20 Uhr, April 7–22 Uhr; Eintritt frei; Tel: 42 85 44 72 3; plantenunblomen.hamburg.de

Rabatzz Kieler Str. 571; U2 Hagenbecks Tierpark → Bus 281 Wördemanns Weg; Mo–Fr 14–19 Uhr, Sa, So 10–19 Uhr; Erw. 6,50 €, Kinder ab 3 J. 9,50 €; Tel: 54 70 96 90; www.rabatzz.de

Rathaus Rathausmarkt 1; U3 Rathaus, U1, U2 Jungfernstieg, S1, S2, S3 Jungfernstieg; Rathausdiele Mo–Fr 7–19 Uhr, Sa 10–17 Uhr, So 10–16 Uhr; Eintritt frei; Rathausführungen Mo–Fr 10–15, Sa 10–17 Uhr, So 10–16 Uhr; 3 €, 0,50 €, Familienkarte 6 € (Achtung: Wegen Staatsbesuchen u. Veranstaltungen fallen Führungen an diversen Tagen aus! Ansageband Termine: Tel: 42 83 12 47 0); Tel: 42 83 12 01 0; www.hamburg.de/rathaus/

Rickmer Rickmers Ponton 1a; *U3 Landungsbrücken und Baumwall, S1, S3 Landungs-brücken; tägl. 10–18 Uhr, im Sommer Do–So 10–20 Uhr;* 4 €, 3 €, Familienkarte 9 €; *Tel: 31 95 95 9; www.rickmer-rickmers.de*

Schwimmbäder:

Bad Billstedt *Archenholzstr. 50a; U2 Billstedt; Di–Do 14–20 Uhr, Fr 8.30–20 Uhr, Sa,So 10–18 Uhr, in der Freibadsaison Mo–Do 10–20 Uhr, Fr–So wie außerhalb der Freibadsaison;* 5,50 €, 2,70 € (Tag); *Tel: 18 88 90; www.baederland.de/bad/billstedt.php*
Bondenwald *Friedrich-Ebert-Straße 71; Bus 5 Freizeitbad Bondenwald; Mo–Fr 9–22 Uhr, Sa,So 8–22 Uhr, Freibad Mo–Fr 9–20 Uhr, Sa,So 8–20 Uhr;* 8,50 €, 4,30 € (Tag), 6,50 €, 3,20 € (3 Std.); *Tel: 18 88 90; www.baederland.de/bad/bondenwald.php*
Festland *Holstenstr. 30; S21 Holstenstraße oder S1, S3 Reeperbahn → Bus 283 Thadenstraße (West); Dinoland Mo–Fr 9–21 Uhr, Sa,So 10–21 Uhr;* 8,50 €, 4,30 € (Tag), 6,50 €, 3,20 € (3 Std.); *Tel: 18 88 90; www.baederland.de/bad/festland.php*
Freibad Aschberg *Rückersweg; U2 Rauhes Haus; in der Freibadsaison tägl.10–18 Uhr;* 2,90 €, 1,50 € (Tag); *Tel: 18 88 90; www.baederland.de/bad/freibad_aschberg.php*
Naturbad Strandparksee *Südring 5b; U3 Borgweg (Stadtpark), in der Freibadsai-son tägl. 11–20 Uhr,* 2,90 €, 1,50 € (Tag); *Tel: 18 88 90, www.baederland.de/bad/naturbad_stadtparksee.php*

Speicherstadt *U1 Meßberg, U3 Baumwall, Bus 3 Bei St. Annen*
Stadtpark Hindenburgstraße 1; *U3 Borgweg (Stadtpark)*
Wildpark Schwarze Berge Am Wildpark 1, 21224 Rosengarten – Vahrendorf; *S3 Harburg od. Neuwiedenthal → Bus 340 Wildpark Schwarze Berge; April–Okt. 8–18 Uhr, Nov.–März 9-17 Uhr;* 8,50 €, 6,50 €; *Tel: 81 97 74 70; www.wildpark-schwarze-berge.de*
Tropen-Aquarium Hagenbeck Lokstedter Grenzstr. 2, *U2 Hagenbecks Tierpark; tägl. 9–18 Uhr;* 14 €, (4–16J.)10 €, Familienkarte 43 €; Kombikarte m. Tierpark 30 €, 21 €, Familienkarte 85 €; *Tel: 53 00 33 0; www.hagenbeck.de*
Trostbrücke Willy-Brandt-Straße; *U3 Rathaus oder Rödingsmarkt*

Des Rätsels Lösung

Alster-Rätsel (S. 17)
*Alster*damp**f**er
*Alster*pavill**on**
Ho**t**el
Schw**ä**ne
Lösungswort: **Fontäne**

Kreuzworträtsel (S. 65)

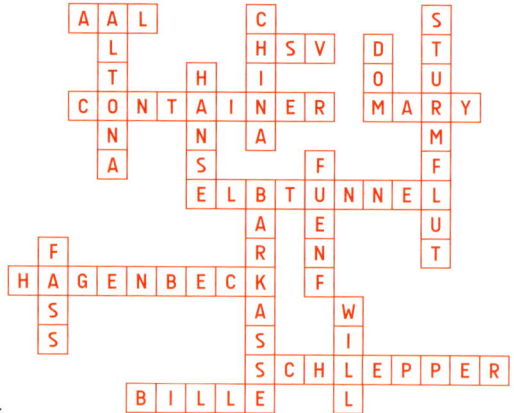

Lösungen von ...
S. 26: Kakao aus Afrika
S. 35: Stiefel
S. 40: Hammaburg
S. 41: vier, Palmwedel
S. 42: Hamburger Wappen, Schiff, Ansgar
S. 43: Alster
S. 44: Rickmer Rickmers, Reling
S. 45: Burchardkai – Lösungswort: Der alte Schwede
S. 66/67: 1 Containerschiff, 2 Elbfähre, 3 Schlepper, 4 Barkasse, 5 Schute, 6 Zollboot

„He lücht"! – Oder vielleicht doch nicht? (S. 64)
1. richtig – Schon vor 100 Jahren gab es in Hamburg das „Rundstück warm". Das ist ein aufgeschnittenes Brötchen, in das ein Stück Bratenfleisch gelegt und das dann mit Soße übergossen wird. Ein Hamburger, der nach Nordamerika auswanderte, soll dieses Rezept dorthin mitgebracht haben. Die Zubereitung wurde deutlich verändert, und doch hat der heute weltbekannte „Hamburger" seinen Ursprung wohl in Hamburg.

2. falsch – **„HH"** steht für **H**ansestadt **H**amburg.

3. richtig – Das Hamburger Rathaus hat drei Räume mehr als der königliche Palast.

4. richtig – Am Hang oberhalb der Landungsbrücken stehen etwa 50 Weinstöcke.

5. falsch – Das Wasser, das da fließt, reinigt die Ankerklüsen. So heißen die Öffnungen in der Bordwand des Schiffes, durch die das oft mit Schlamm verschmutzte Ankertau aufgezogen wird.

6. richtig – Normalerweise wird aber langsam gebremst, und dann ist der Bremsweg eines großen Containerschiffes noch länger.

7. Schwierig! – Entscheide selbst, ob „He lücht" die Wahrheit sagt, wenn er folgende Erklärung gibt: „Am Tage siehst du das Häusermeer, abends das Lichtermeer und in dunkler Nacht gor nix mehr!"

Bastelbogen
Ein Hamburger Hafenschlepper

Hamburg ohne Schlepper? – Undenkbar! Jetzt kannst du dir mit den Bauteilen auf dieser und der folgenden Seite deinen eigenen Hafenschlepper bauen. Es ist ganz einfach, wenn du Schritt für Schritt der Bauanleitung folgst.

Die Bauteile sind in Reihenfolge ihrer Verwendung nummeriert. In dieser Reihenfolge werden sie ausgeschnitten und zusammengeklebt. Teil 1 ist die Bodenplatte mit dem Rumpf. Der Rumpf wird zuerst nur vorn verklebt und der runde Bug geformt.   Dann wird Bauteil 2 hinten bündig auf die Bodenplatte geklebt und Bauteil 3 vorn. Auf Bauteil 2 und 3 wird das Deck (Bauteil 4) aufgebracht.

Den Zusammenbau der weiteren Aufbauten zeigt die Skizze auf der nächsten Seite.

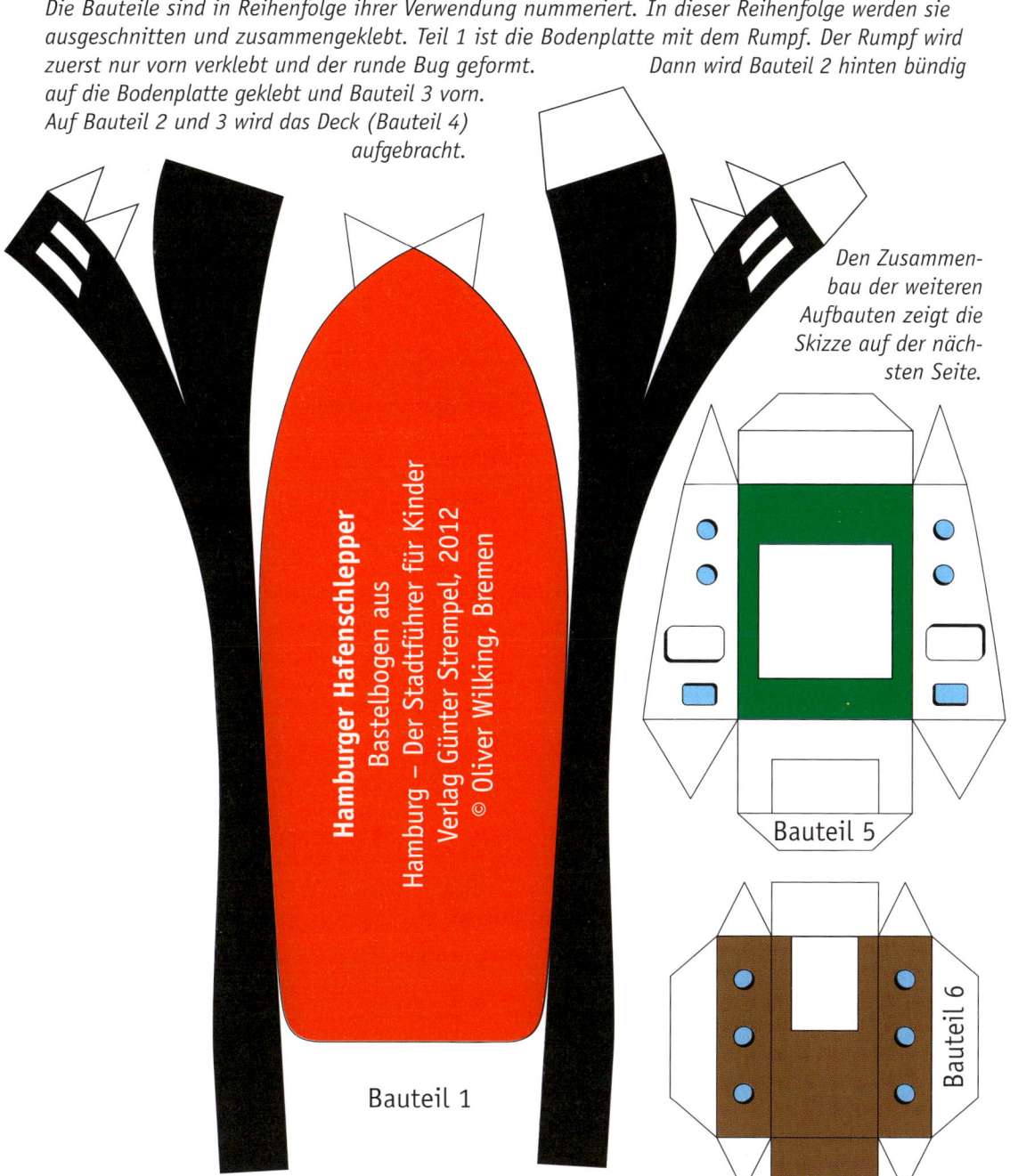

Hamburger Hafenschlepper
Bastelbogen aus
Hamburg – Der Stadtführer für Kinder
Verlag Günter Strempel, 2012
© Oliver Wilking, Bremen

Bauteil 1

Bauteil 5

Bauteil 6

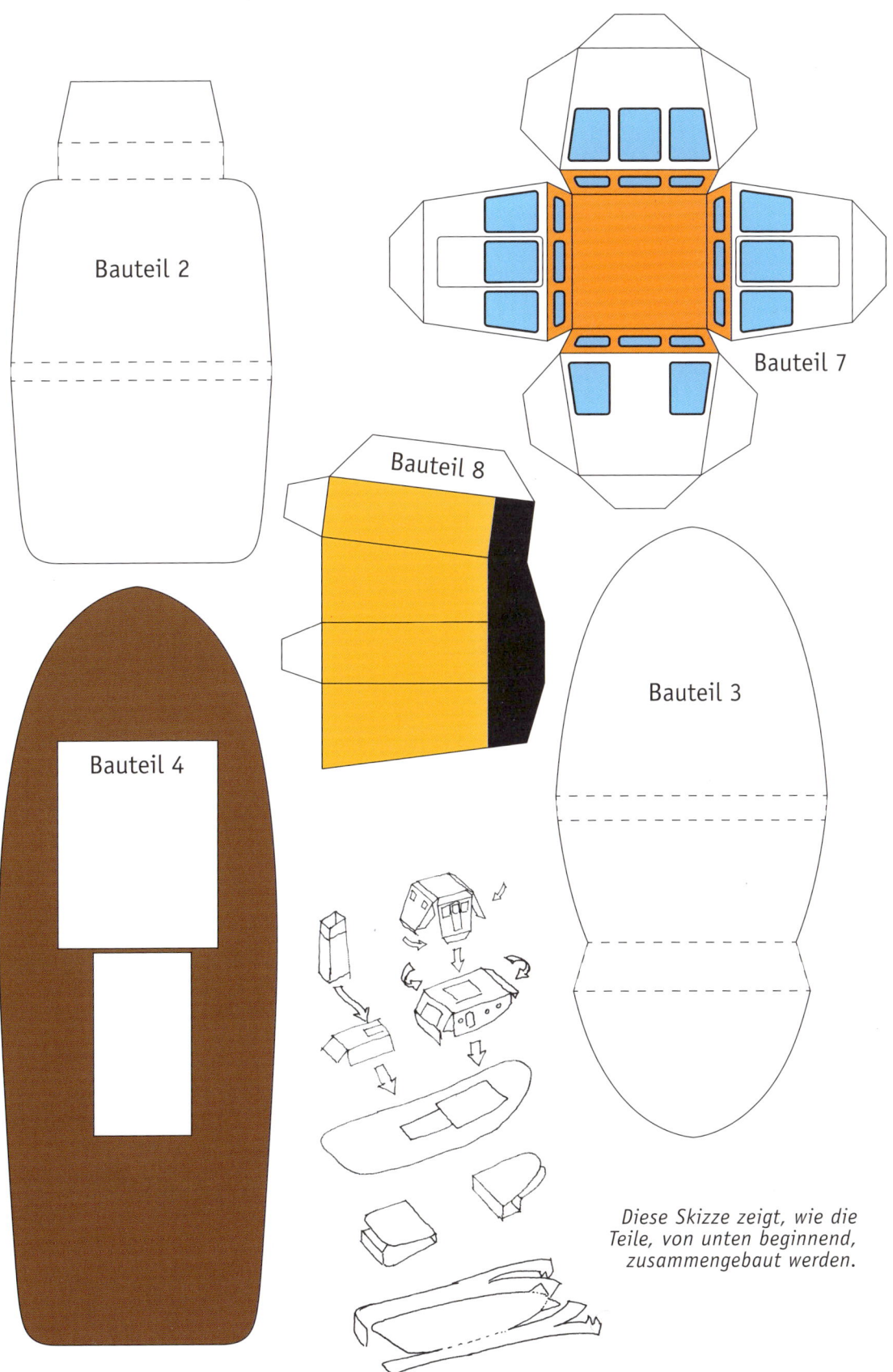

Bauteil 2

Bauteil 7

Bauteil 8

Bauteil 4

Bauteil 3

Diese Skizze zeigt, wie die Teile, von unten beginnend, zusammengebaut werden.